大都會文化
METROPOLITAN CULTURE

大都會文化
METROPOLITAN CULTURE

智慧沙

2

千智蓮◎著

【前言】

小故事溫暖心靈，大道理點醒人生

人生中離不開故事，生活中少不了故事，總有那麼多故事值得我們珍惜，讓我們的生命感動。

每個人的心，都像上了鎖的大門，任憑你用再粗的鐵棒也撬不開。唯有把自己變成一支細膩的鑰匙，進入別人的心中，了解別人，才能敞開對方。所以，別人對你講一小時的大道理，不如自己讀一分鐘的小故事。

有一個自以為是的年輕人，畢業以後一直找不到理想的工作。他覺得自己懷才不遇，對社會感到非常失望。痛苦絕望之下，他來到大海邊，打算就此結束自己的生命。

這時，正好有一個老人從這裡走過。老人問他為什麼要走絕路，他說自己不能得到別人和社會的承認，沒有人欣賞並且重用他。

老人從腳下的沙灘上撿起一粒沙子，讓年輕人看了看，然後就隨便扔在地上，對年輕人說：「請你把我剛才扔在地上的那粒沙子撿起來。」

「這根本不可能！」年輕人說。

老人沒有說話，接著又從自己的口袋裡掏出一顆晶瑩剔透的珍珠，也隨便扔在地上，然後對年輕人說：「你能不能把這個珍珠撿起來呢？」

「這當然可以！」

這個小故事闡釋了一個人生的大道理，那就是：要使自己卓然出眾，就必須先使自己成為一顆珍珠。

人生在世，終其一生都在做人做事，從表面上看，做人做事似乎很簡單，有誰不會呢？然而如何把握成功的規律、找出失敗的癥結，使自己在做人、做事方面更成熟、更完善、更易成功，是每個人都必須經常思考、揣摩的問題。

此時，書中這些智慧雋永的故事和深入淺出的道理就像年輕人手中的沙子，如果我們現在能有意識的收集一些上路，哪怕是每天一粒，總有一天能聚沙成塔，獲得一個燦爛輝煌的人生。

就讓我們帶著《智慧沙2》上路吧！

CONTENTS
目錄

前言 004

第一卷 做人有道

捨小才能得大 012
先退讓才能取得最終勝利 014
避免讓自己光芒四射 016
千萬別做出頭鳥 018
善於伏藏是關鍵 021
大事精明，小事糊塗 024
得意之時留些餘地給別人 026
韜光養晦是生存的良方 030
不要把自己看得太重要 032

第二卷 溝通得法

恭維的話要得體 036
不要吝嗇你的讚揚 039
巧言拒絕好處多 041
説服他人也有訣竅 046
用不同的方式與人交談 054
及時彌補失言 059
提建議也要謹慎 062
讓讚美的話顯得更加真誠 066
正面進攻不如旁敲側擊 068
讓你的話更有藝術性 074

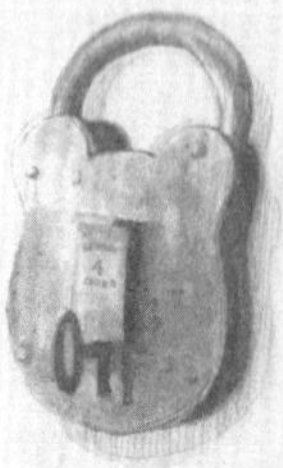

第三卷　性格定命

謙讓之心拓展生命之路　080
清高自負惹禍端　083
謙虛是一種高尚的品德　087
做人需要寬容　090
別讓執著變固執　093
狂妄自大易樹敵　097
得理也讓人三分　100
不要讓憤怒控制了你　103
把自卑踩在腳底下　107
不可有愛慕虛榮之心　111
讓自己更有韌性　113
做人不可太驕傲　116
爭強好勝不可取　119
忍一時能免百日憂　123

CONTENTS
目錄

第四卷 交友有術

幫人最終幫自己 130
誠懇打動人心 133
把握好生命中的「貴人」 137
善待他人就是善待自己 140
學會尊重他人 143
對他人常懷感恩之心 146
放下「身段」好做人 150
透過不同方式結交朋友 155
以情理服人得人心 158
朋友多了路好走 161

CONTENTS
目錄

第五卷 品行示真

誠實是可靠的信用卡 170
不要妄想不勞而獲 176
勇於挑戰自我 179
表現出你的勇敢 183
在逆境之中崛起 188
正直是無畏的象徵 192
吃得苦中苦，方為人上人 197
鍥而不捨，迎難而上 206
做一個嚴格自律的人 208
用頑強的意志戰勝苦難 210
學會自強自立 216

第一卷 做人有道

古人云，方為立身之本，圓為處世之道。木秀於林，風必摧之；堆高於岸，水必湍之。古往今來，多少有才能的人，自恃才高，聰明過人，便任性而為，結果不僅沒能立身揚名，反而身陷困境。所以，為人處世，一定要懂得方圓之道，方能進退自如。

捨小才能得大

一個獨自在荒涼的沙漠中旅行的人，在走了兩天兩夜之後，他的身上已經沒有了任何可以吃的東西，更可怕的是，他已經沒有了水，非常渴。然而，更不幸的事情發生了，這個人在途中遇到了暴風沙。風吹起漫天的黃沙，使他的眼睛無法睜開。一陣狂沙吹過之後，他已認不得正確的方向。

兩天後，烈火般的乾渴幾乎摧毀了他的生存意志。絕望中，他發現了一幢廢棄的小屋。他拖著疲憊的身子走進小屋時，發現這裡除了一堆廢棄的木材之外，什麼也沒有。當他幾乎絕望地走到屋角時，卻意外地發現了一架抽水機。

他興奮地上前汲水，可是任憑他怎麼抽水，也抽不出半滴來。正當他頹然地坐在地上時，看見抽水機旁有一個小瓶子，瓶上貼了一張泛黃的紙條，紙條上寫著：你必須用水灌入抽水機才能引水！不要忘了，在你離開前，請再將水裝滿！

果然，當他拔開瓶塞時，發現瓶子裡果然裝滿了水！

他的內心開始了交戰——

如果自私點，只要將瓶子裡的喝掉，他就不會渴死，就能活著走出這間屋子；如果照紙條做，把瓶子裡唯一的水，倒入抽水機內，萬一水一去不回，他就會渴死在這地方了——到底要不要冒險？

思考良久，到了最後，他終於決定把瓶子裡唯一的水，全部灌入這個看起來破舊不堪的抽水機裡。沒想到，真的從抽水機裡湧出了大量的水。他高興地喝足水後，依舊把瓶子裡裝滿水，用軟木塞封好，然後在原來那張紙條後面，加上了一句他自己的話：相信我，真的有用。

幾天後，他終於穿過了沙漠。

智慧沙：

人要學會「捨得」，不能企盼「全得」。擁有的時候，我們也許正在失去，而放棄的時候，我們或許重新獲得。明白的人懂得放棄，真情的人懂得犧牲，幸福的人懂得超越，安於一份放棄，固守一份超脫，這就是人生。

先退讓才能取得最終勝利

有一次，世界著名滑稽演員侯波在表演時說：「我住的旅館，房間又小又矮，連老鼠都是駝背的。」那家旅館的老闆知道後十分生氣，認為侯波詆毀了旅館的聲譽，如果不公開道歉的話就要控告他。

於是侯波在電視台發表了一個聲明，向對方表示歉意：「我曾經說過，我住的旅館房間裡的老鼠都是駝背的，這句話說錯了。我現在鄭重更正：那裡的老鼠沒有一隻是駝背的。」

智慧沙：

以退讓開始，以勝利告終，是柔與忍的做人哲學中的一條錦囊妙計。許多人能伸而不能屈，覺得要退讓低頭是比殺頭還難過的事。其實，有時候退讓並不像表面上看來的那麼簡單，它甚至會比進更有力量，更有殺傷力。

英國牛津大學有個名叫艾爾弗雷特的學生，因為能寫點詩而在學校小有名氣。一天，他在同學面前朗誦自己的詩。有個叫查理斯的同學說：「艾爾弗雷特的詩我非常感興趣，它是從一本書裡偷來的。」艾爾弗雷特勃然大怒，非要查理斯當眾向他道歉不可。

查理斯想了想，答應了。他說：「我以前很少收回自己講過的話。但這一次，我認錯了。我本來以為艾爾弗雷特的詩是從我曾讀過的一本書裡偷來的，但我找到那本書翻開一看，發現那首詩仍然在那裡。」

智慧沙：

人若只知進不知退，必有困辱之累，成不了大氣候。做人處世若能以弱勝強、以退為進，就可以減少一些不必要的煩惱。當我們在人生之路上前行的時候，有時也不妨停下來歇歇腳，也許路會走得更好。

避免讓自己光芒四射

有一個國王生性揮霍，他喜歡奢華的宴會、漂亮的女人及花天酒地。一天，國王的財政大臣決定策劃一場前所未有、場面壯觀的宴會來討國王的歡心。宴會一直持續到深夜，賓主盡歡，人人都認為這是他們參加過的最令人讚嘆的盛事，都讚揚財政大臣的能幹。

然而，出人意料的是，第二天一早，國王便下令逮捕了財政大臣，這名財政大臣被指控竊占國家財富。事實上，他被指控的罪行全部得到了國王的許可。最後財政大臣被送上了斷頭台。

智慧沙：

一個人在複雜的社會環境中，不懂得謙虛謹慎是難以生存的。你雖然是一個很有才氣的人，但如果老是光芒四射，老是蓋住了其他人的「光芒」，搶盡他人的光彩，那麼，你就要格外小心了。

一次，某公司的副經理因為成績突出，在全公司的表彰大會上大出風頭，引起了眾人矚目。相形之下，其老闆卻被冷落了。

散會後，老闆不無妒意地握著副經理的手笑問：「祝賀你呀，感覺不錯！」

副經理很機伶地回答說：「從沒見過這麼大的場面，還有那麼多的大老闆，說實在的，講話的時候我還真有些緊張，生怕什麼地方說錯了。要能像您每次在台上那麼鎮定自若就好了，您有什麼秘訣呀？」

此時，老闆心中覺得好笑：堂堂副經理，上台講幾句話還這麼緊張，看來還是沒見過什麼場面啊！想到這些，老闆精神大為放鬆，態度明顯地恢復了正常。

這位副經理不可謂不聰明，他抓住老闆的心理，只幾句話，就掩蓋了自己的「鋒芒」，化解了老闆的嫉妒心理。

智慧沙：

職場上，老闆喜歡以高姿態或低姿態出現，因人而異。但不管你的老闆個性傾向高調抑或低調，他們都不喜歡下屬用「比老闆更老闆」的姿態接人待物。假如你在職場上肆意「出風頭」，姿態比老闆更老闆，那麼你超越老闆的指數越高，你受傷的程度就會越大。

千萬別做出頭鳥

從前有兩兄弟，生不逢時，當時朝廷昏庸無能，百姓紛紛揭竿而起。八九歲時，父母在戰火中死去，於是兩孤兒跟隨起義軍浪跡天涯。哥哥雖然只比弟弟大一歲，但無時無刻不想著弟弟，總是把分配給自己的饅頭和鹹菜分給弟弟一半。

兩兄弟都練就了一副好體力，為殺掉昏君給父母報仇，他們都很努力。但相比起來，哥哥要比弟弟勇猛，而弟弟要比哥哥聰明；哥哥擅長身體比拚，弟弟擅長運用智謀技巧。兩人跟隨主力四處殺敵，就在起義軍越來越深入人心、越來越強大時，兄弟倆也成了起義軍中的幹將。

在戰爭中，兩兄弟總能一次次地幸運脫險。槍打出頭鳥，起義軍的頭領被皇帝的軍隊射殺，軍師又被另一支武裝劫持了，起義軍陷入群龍無首的境地。於是哥哥被大家推選為將軍，弟弟則為軍師。

兄弟兩人合作，雖然歷盡坎坷卻無往而不勝。兩年後，他們終於殺入皇宮。沒過多久，哥哥做了皇帝。

當了皇帝後，哥哥夜夜不得安寧，他心知弟弟不服他。按照弟弟的才能，他才是一國之君，但看功績，皇位則非自己莫屬。有一天，哥哥把弟弟叫了過來，說有個大臣對他們兄弟不服，要拉攏其他人推翻他們兄弟倆。弟弟一聽，急了，決定想一個辦法殺掉這個大臣。

就在弟弟苦心思索有什麼妙計時，哥哥命令手下把弟弟綁了起來，處以極刑。弟弟正摸不著頭腦時，哥哥發話了：「我是代表國家處置你！如今天下太平，各大臣齊心協力，而你卻蓄謀禍害我的大臣。」最後，弟弟被哥哥殺害死在斷頭台上。

智慧沙：

「出頭鳥」在鳥群中是最聰明和最強壯的。牠們敢於冒險出逃，由此成為石子、彈弓、鳥銃、氣槍、獵槍、手槍乃至於步槍打擊的目標，成為犧牲品。

某公司新進來一批大學生，市場部分配進四個，林大成是其中之一。經過一個月的培訓，他們正式上線工作了。接下來的兩個月裡，林大成工作非常努力，經常放棄和新同事打球、娛樂的時間，去查資料，做調查。後來，他根據自己對市場的了解和考察，給市場總監寫了好幾封郵件，提出自己對部門的種種建議，受到了總監的嘉獎。據說連老總都注意到他，點名要給他提前升職。他的業績遠遠超過了同批進公司的其他新員工。

照理說，以林大成在公司的際遇，應該是「春風得意馬蹄疾」，可是他卻樂不起來。因為不知道從什麼時候起，部門裡另外三個和他一起進來的同事開始孤立他，有時他想跟他們開句玩笑活躍一下氣氛，都沒有人答話，讓他很是尷尬。一些老員工似乎也不願意與他講過多的話，林大成不知道問題出在哪裡，更不知道怎麼辦，他覺得自己像生活在孤島上一樣。堅持了半年後，他終於選擇了離職。

智慧沙：

作為同一個起跑線上的新人，如果其中一個太優秀或是出類拔萃，往往招致嫉妒和心理不平衡。聰明的你不妨暫時把能力隱藏起來，等待一個合適的時機再顯露出來。

善於伏藏是關鍵

明朝時期的嚴嵩是一個有爭議的人物，但不說其歷史功過，只就其個人發跡過程而言，不能不讓人佩服其伏藏的功夫。

嘉靖中期，夏言為朝廷的重臣，而且寫得一手好文章，深為皇帝所器重。

當時嚴嵩在翰林院任低階職務，與當時擔任北部尚書的夏言是江西同鄉。嚴嵩打聽到這一點，就想利用這層關係設法去接近夏言，但幾次前往夏府求見都被轟了出來。

嚴嵩不死心，準備了酒宴，親自到夏言府前去邀請夏言。夏言根本沒有把這個同鄉放在眼裡，隨便找了個藉口不見他。嚴嵩就在堂前鋪上墊子，跪下來一遍一遍地高聲朗讀自己帶來的請柬。

夏言在屋裡終於被感動了，以為嚴嵩真是對自己恭敬到這種境地，開門將嚴嵩扶起，慨然赴宴。宴席上，嚴嵩特別珍惜這次來之不易的機會，使出渾身解數取悅夏言，給夏言留下了極好的印象。

從此，嚴嵩便得到了夏言的器重，一再提拔他，使他官至禮部左侍郎，獲得了可以直接為皇帝辦事的機會。幾年後，已任內閣首輔的夏言又推薦嚴嵩接任了禮部尚書，位達六卿之列，夏言甚至還向皇帝推薦他接替自己的首輔位置。

然而，嚴嵩是一個極有心計的人，他自始至終都沒有露出一點鋒芒，只是耐心地等待時機。他表面上仍然對夏言俯首貼耳，實際是在暗中尋找、製造機會，以便將夏言一下子打倒。

嘉靖皇帝迷信道教。有一次他下令製作了五頂香葉冠，分賜幾位寵臣。夏言一向反對嘉靖帝的迷信活動，不肯接受。而嚴嵩卻趁皇帝召見時把香葉冠戴上，在冠之外還鄭重地罩上輕紗。皇帝對嚴嵩的忠心大加讚賞，對夏言則很不滿。而且夏言撰寫的青詞也讓皇帝不滿意，而嚴嵩卻恰恰寫得一手好青詞。嚴嵩便利用這個機會，在寫青詞方面大加研究，同時還迎合皇上的心意，給他引薦了好幾個得道的「高人」。因此，使皇帝越來越滿意嚴嵩而疏遠夏言。

又有一次，夏言隨嘉靖出巡，沒有按時值班。還有一次，皇帝曾命令到西苑值班的大臣都必須乘馬車，而夏言卻乘坐小車。幾件事情都引得嘉靖很不高興，因此，皇帝對夏言越來越不滿。嚴嵩眼看時機已到，馬上一改他往日的謙卑，勾結嘉靖所寵倖的道士陶仲文，一起在皇帝面前添油加醋地說了夏言許多壞話。

一天，當嚴嵩單獨去見嘉靖時，嘉靖與他談及夏言，並對他們之間的不和略有詢問。嘉靖的話，似乎勾起了嚴嵩的難言之隱，只見嚴嵩全身顫抖，匍匐在地，痛哭不已。

嘉靖見一個六十多歲的老頭子竟然哭得如此傷心，猜想他一定是受了很大的冤屈，憐惜之情驟生，連連催問。看見嘉靖憐憫，嚴嵩反而變得號啕痛哭起來了。

嘉靖既動情又義憤地安慰他：「你不要有什麼顧慮，有朕為你做主，有話儘管說，不要害怕。」這下嚴嵩才裝出深受鼓勵後已無顧慮一般，將平時所搜集到的所謂夏言的種種罪狀添枝加葉、無中生有地一一哭訴出來。嘉靖聞聽，便對夏言由不滿變得惱怒起來，馬上下令罷免了他的一切官職，令嚴嵩取而代之。

智慧沙：

一個人過於顯露出自己高於一般人的才智，往往會使自己不利，甚至招致外來的攻擊。即使不以打擊對方為目的，僅僅為了不遭對方打擊，也不應天真善良得像一張白紙，將自己暴露無遺，這樣往往使自己陷於被動的境地。

大事精明，小事糊塗

宋太宗年間的宰相呂端，此人是學生出身，肚子裡有不少才學。雖然經歷了五代末期的天下戰亂，世情艱苦歷練不少，但仍是滿身讀書人的呆氣。有人為此說呂端糊塗，可宋太宗趙光義卻偏偏認為他小事糊塗，大事不糊塗，決意任命他為宰相。

後來趙光義病重，宣政使王繼恩害怕太子趙恒英明，做了皇帝以後會對他們這一黨不利，於是串通了參知政事李昌齡、都指揮使李繼熏等，密謀廢掉太子，改立楚王為太子。此時，呂端到宮中看望趙光義，只見太宗快不行了。呂端發現太子卻不在旁邊，就懷疑事情有變，其中很可能有鬼，便在手板上寫了「大漸」二字，讓心腹拿著趕快去催太子儘快到趙光義身邊來，這個「漸」字的意思就是告訴太子皇帝已經病危了，趕緊入宮侍候。等到趙光義死後，皇后讓王繼恩宣召呂端，商議立誰為皇帝。呂端聽後知道事情不妙，他就讓王繼恩到書房去拿太宗臨終前賜給他的親筆遺詔。王繼恩不知是計，一進書房便被呂端鎖在房中。這時，呂端便很快地來到了宮中。

皇后說：「皇上去世，長子繼位才合情理，現在該怎麼辦？」意思很明顯，想立長子趙元佑。呂端立即反駁道：「先帝既立太子，就是不想讓元佑繼承王位，現在先帝剛剛駕崩，我們怎麼就可以立即更改聖命呢？」皇后聽了無話可說，心裡只有認了。事情到了這個地步，呂端仍不放心，他要眼見為實。太子即位時，呂端在殿下站著不拜，請求把簾子掀起來，自己上殿看清楚，認出是原先的太子，然後才走下台階，率領大臣們高呼萬歲。

智慧沙：

水清無魚，人清無友。聰明的做人方式是小事愚，大事明。做人做事都不能太「認真」，該糊塗時就糊塗，只要不是原則問題，睜一隻眼閉一隻眼也未嘗不可。

得意之時留些餘地給別人

唐太宗李世民的皇后長孫氏是眾人稱讚的一位賢良皇后。長孫皇后祖先為北魏拓跋氏，她出生在一個官宦之家，父親長孫晟隋朝時官至右驍衛將軍。她從小嗜好讀書，通達禮儀，十三歲時嫁給李世民為妻。

唐朝建立後，她被冊封為秦王妃。當李世民與李建成之間的嫌隙日益加深之時，她對唐高祖盡心侍奉，對後宮嬪妃也殷勤恭順，極力爭取他們對李世民的同情，竭力消除他們對秦王的誤解。「玄武門之變」前夕，她又對秦府幕僚親切慰勉，左右將士無不為之感動。李世民升儲登基以後，長孫氏被立為皇后。

長孫皇后深知身為「國母」，其行為舉止對皇上的影響相當大，因此，她處處注意約束自己，處處做嬪妃們的典範，從不把事情做過頭。

長孫皇后不尚奢侈，吃穿用法度，除了宮中按例發放的，不再有什麼多餘的要求。她的兒子承乾被立為太子，有好幾次，太子的乳母說東宮供應的東西太少，不夠用，希望能增加一些。可是長孫皇后說：「作太子最發愁的是德不立，名不揚，哪能光想著宮中缺什麼東西呢？」

長孫皇后從不干預朝中政事，尤其害怕自己的親戚以她的名義結黨營私，威脅李唐王朝的安全。雖然李世民很敬重她，朝中賞罰大臣的事常跟她商量，但她從不表態，也不把自己看得特別重要。

長孫皇后所生的長樂公主，被唐太宗視為掌上明珠。因此，在公主出嫁之時，唐太宗賞賜的物品要比唐高祖的女兒出嫁的物品多出一倍有餘。為此，魏徵當面向唐太宗提出異議。下朝後，唐太宗把魏征的不同意見轉告皇后，長孫氏當即便深有感觸地說：「我以前聽說陛下對魏徵很器重，但並不了解其中緣故。今天我聽了他的諫言之後，才真正明白他是一位十分正直的社稷之臣。忠言逆耳利於行，良藥苦口利於病，請陛下深思這個道理，那就是天下的最大幸運了。」

貞觀八年，長孫皇后同唐太宗一起去九成宮（在今陝西麟游）避暑時，身染疾病，且愈來愈重，服用了很多藥物，但病情卻並未緩解。這時，在身邊服侍的太子李承乾就向母親提請，用赦免囚徒和度人入道等方法，乞求保佑，但卻遭到皇后的堅決拒絕。

長孫皇后說：「大赦是國家的大事，佛、道二教也自有教規。如果可以隨便就赦免囚徒和度人入道，就必定會有損於國家的政體，而且也是你父皇所不願意的。我豈能以一婦人而亂天下之法。」太子聽罷，便不敢向太宗奏告，只是把他母親的話告訴了房玄齡，房玄齡又轉告給了太宗。太宗聽後，感動得涕淚交流，泣不成聲。

貞觀十年六月，長孫皇后彌留之際，與唐太宗最後訣別。她用盡氣力對太宗說：「我的家族並無什麼大的功勳、德行，只是有緣與皇上結為姻親，才身價百倍。要想永久保持這個家族的名譽、聲望，我請求陛下今後不要讓我的任何一個親屬擔任朝廷要職，這是我對陛下最大的期望。我活著的時候對國家並沒有絲毫功績，所以死後也千萬不要厚葬，僅因山而葬，不起墳墓，不用棺槨，所需器物，都用木、瓦製作，儉薄送終。如能這樣，就是陛下對我的最大紀念。」說完不久，就死在後宮立政殿。同年十一月，葬於昭陵。

長孫皇后得意時不把各種好處占全，不把所有功名占滿，實在是很好地堅持了為自己留有餘地的天規。這樣，不但不會給自己招來禍患，反而讓自己在人生旅途中進退有據，上下自如。

智慧沙：

做任何事，進一步，也應讓三分。在得意時不把好處占盡，實際上也在給自己留餘地。不讓別人為難，自己也就不用為難，讓自己得以游刃有餘，就是做人處世的良方。

韜光養晦是生存良方

一位在一家美國駐香港分公司做公關經理的劉女士，在商場上有很高的聲譽，但卻因一件小事而被迫辭職。事情是這樣的：美國總公司的幾位最高領導者決定在香港舉行宴會。除了香港公司的總經理及一些要員外，美國總部的要員當然少不了，再加上一些合作關係親密無間的大客戶，宴會非常盛大。

作為香港分公司公關經理的劉女士樂於以女強人自居。在任何一方面，她屬下的公關部都做得非常出色，這也是她引以為自豪的。不知是否因勝利沖昏了腦袋，她在一些宴會中，風頭有時凌駕於總經理之上。總經理是一位好好先生，在不損及自己利益的情況下，每每都讓她發言。總公司與分公司聯合宴會的機會極少，這次宴會她還是頭一次經歷。

開始籌備宴會時，劉女士抱著很謹慎的態度，務求取得總公司主管的贊許。宴會當晚，她周旋於賓客間，確令現場氣氛甚為歡愉。直到分別由總公司的高層主管及分公司的總經理致謝辭時，她在旁邊逐一介紹他們出場。輪到她的上司，即分公司總經理，她不知怎麼在介紹之前，竟先說了一番致謝辭，感謝在場客戶一直以來的支援。雖然三言兩語，已讓總公司的主管深皺眉頭，因為她當時負責的，只是介紹上司出場，而非獨立發言。

在宴會進行的過程中，總公司主管曾與劉女士交談，發現她提及公司的事時，總是以個人主見發表，全不提及總經理的意見。給人的感覺她才是分公司的最高主管。結果，分公司總經理被上級邀請去開會，研究他是否堅守了自己的職位，而非要由公關經理代為處理日常業務的地步。最後，劉女士終於自動辭職，原因是她認為被總經理削權，卻不知道是因為自己的鋒芒太露、喧賓奪主的緣故。

智慧沙：

西方有句諺語：「儘管星星都有光明，卻不敢比太陽更亮。」人一旦太過聰明，就容易讓人抓住把柄。做一個「糊塗人」才能韜光養晦、保存實力，同時免去人類社會複雜和殘酷的競爭。

不要把自己看得太重要

有一個自以為很有才華的年輕人，一直得不到重用，為此，他愁腸百結，異常苦悶。有一天，他去質問上帝：「命運為什麼對我如此不公？」，上帝聽了沉默不語，只是撿起一顆不起眼的小石子，並把它扔到亂石堆中。上帝說：「你去找回我剛才扔掉的那個石子。」結果，這個人翻遍了亂石堆，卻無功而返。這時候，上帝又取下了自己手上的那枚戒指，然後以同樣的方式扔到了亂石堆中。結果，這一次年輕人很快便找到那枚金光閃閃的戒指。上帝雖然沒有再說什麼，但是他卻一下醒悟了。

智慧沙：

不要把自己看得太重要，當自己還只不過是一顆石子而不是塊金光閃閃的金子時，就永遠不要抱怨命運對自己不公平。

張先生是一家公司的副總經理。因為工作調動到了一個新的部門，這個部門似乎沒有以前的職位風光，沒有以前的地位顯赫，於是，他總是擔心別人會有「怎麼回事，是不是犯了錯而被貶下來了」的想法。雖然是正常的工作調動，而且也是自己一直看好的部門，但還是擔心別人會說些什麼，於是張先生沒事時待在家中好久也沒有露面。

有一天，張先生在大街上遇到一個朋友，聽說他調職了，朋友便問道：「你不做副總啦？調到哪兒去了？」張先生說：「不做了，調到中部辦事處去了。」朋友說：「好呀，祝賀你！」張先生笑笑：「有時間去玩呀。」告別後，他心裡總有一種淡淡的感覺，害怕朋友是在笑他。

過了不久，恰巧張先生在某處又碰到了那位熟人，他說：「聽說你不做副總了，調哪兒去呢？」張先生覺得你這人怎麼這樣，這麼不關心人，不是跟你說過了嗎？但最後還是淡淡地說：「我調到中部辦事處去了，有時間去玩。」朋友好像恍然大悟：「對了對了，你說過的，對不起呀對不起呀，我忘了。」聽他這話，這位先生心裡突然清朗起來，好像一下子悟出了什麼。是呀，整天擔心別人說什麼，整天把自己當回事，其實別人早把自己忘了。於是，張先生照舊同朋友們一起喝酒聊天，大家依然是那樣的熱情，依然是那樣的真誠和開心。

智慧沙：

我們的身邊總有很多人喜歡把自己看得太重要，總想著自己的一言一行都會被他人評頭論足。不要以為自己是世界的中心，也不要過分在意別人的誤解。人生在世，也許你的苦心一直就沒人在意。

第二卷 溝通得法

說話是一門藝術，也是一種技巧。所謂「良言一句三冬暖，惡語傷人六月寒」。生活中，有許多人在說話的時候，其立足點和出發點本來是不錯的，但由於不注意說話的藝術，往往導致無謂的誤解和爭端，甚至影響團結，這就是因為不懂得說話大有學問的緣故。

恭維的話要得體

在美國著名教育家戴爾．卡內基的記憶中，有著一段令他恐懼的歷史，那就是他離開戲團後，去當二流推銷員的經歷。在當時，假如沒有工作，隨時都有可能被餓死，因此，卡內基不得不到派克爾德貨車專櫃當一個二流推銷員。那時他的推銷成績並不理想，對於發動機、車油和零件設計之類的機械知識，卡內基一點都不感興趣，所以他無法了解自己推銷產品的性質。

當有顧客走來時，卡內基立刻走上前向他們推銷貨車，但說的話，常常與貨車不沾邊，顧客都認為他是一個瘋子，很懷疑老闆為什麼會雇一個瘋子來賣貨車。看到這裡，他的老闆非常氣憤地走來，對他吼道：「戴爾，你是在賣貨車還是在演說？告訴你，明天再賣不出去東西，我會讓你滾蛋的。」此刻，卡內基心中也非常著急，要知道，每天的伙食費還得從老闆那兒拿呢。他立刻說：「老闆，為了可以吃上麵包，我會好好地做的，而且呢，你瞧，看天氣，明天你的生意會一帆風順的。」老闆被卡內基恭維得舒舒服服，這才消了氣。當然卡內基為了生存，自然費了一些工夫，第二天時來運轉，竟賣出了一個汽車引擎。這時老闆覺得卡內基是個可造之才，所以解雇他的事就再沒提起。在此，卡內基正確使用了恭維術，使他奇蹟般在那個地方待了下來，並生存了下去。

智慧沙：

愛聽恭維話是人的天性，愛慕虛榮是人性的弱點。當人聽到對方的吹捧和讚揚時，心中也往往會產生一種莫大的優越感和滿足感，自然也就會高高興興地聽從對方的建議。

國畫大師張大千先生，經常被邀請出席各種活動，每次都有人讚美他的鬍子很漂亮，但張大千卻不以為然。

記得有一次，在一個歡迎會上，大家又在討論他的鬍子，相繼說了許多恭維的話。張大千聽了不動聲色，等大家講過以後，他說了一個故事：三國時代，關公、張飛去世後，孔明想徵求大將之中的一人擔任先鋒。可是應該選誰呢？張飛的兒子張苞說：「我願前往。」關公的兒子關興也說：「我願前往。」二人相持不下。孔明說：「你們二人都是將門之後，誰能將父親的蓋世武功說得好，就由誰來擔任先鋒。」張苞道：「我的父親手持鐵矛，喝斷霸王橋，智擒黃忠，義釋嚴顏，在百萬軍中，取上將首級，如探囊取物。我家教有方，今日先鋒，非我誰能？」輪到關公的兒子說話時，他因為口吃，說了半天，只有「我，我……我的父親……鬍子很長。」這時關公在雲端裡大喝一聲：「小子，你的老子當初手提青龍偃月刀，過五關，斬六將，誅顏良，斬文醜，上馬一提金，下馬一提銀……這些你偏不說，只說你老子的鬍子很長。」等張大千講完這個故事，眾人皆愕然。

智慧沙：

恭維的話說得不得體，不夠巧妙，會讓人不喜歡聽，甚至會弄巧成拙。也就是說，說恭維話時一定要出自肺腑，充滿真誠，讓人越聽越舒服，這樣，恭維者才可達到目的。

不要吝嗇你的表揚

一個非常聰明的經理人曾經說，他非常喜歡思考怎樣才能使讚揚人的話發揮到跟給下屬發錢一樣的作用。他說：「我不可能按照我希望的那樣付給他們很多的錢，所以，我要把讚揚當錢使用。無論任何時候，無論遇到誰，我都告訴他說：『你做得很不錯，加油啊！』」立刻，這話就像一千元獎金似的令他的下屬感到興奮。

智慧沙：

是的，人們不可能用讚揚去買到什麼好東西，但是，人們會把它藏在腦子裡。有時金錢往往不是能打動下屬的關鍵，但讚揚卻可以發揮意想不到的神奇效果。

瑞・卡夫，前《時代》週刊總編輯曾經告訴過他的朋友，他總是記得他是怎麼表揚、共表揚過幾次、表揚的是誰這些細節。因為這是他的工作，他別無選擇。對他來說，每星期編輯一期雜誌就是一場馬拉松比賽，在這場比賽裡，他需要作出無數次的價值判斷，沒有耐心和熱情是堅持不下來的。他總是需要不斷地對他的下屬交上來的意見書、文章、圖片、圖解以及版面設計作出判斷，以決定這些東西是否符合雜誌的要求。結果是，他需要不斷地做出是否要讚揚或者批評他的撰稿人、攝影師以及藝術家的決定。在這種意義上，雜誌出版業便成為是一個需要經常表揚人的行業。而對瑞・卡夫來說，要表揚人是不成問題的，這是他主要職責的一部分。

智慧沙：

尋找他人的長處並予以稱讚和表揚，這樣你就會發現，他人不僅會變得更好，而且也會把美好的資訊回饋給你，職場上更是如此。

學生可能因為老師讚揚某篇作文寫得好，而對當作家投入極大的熱情，最終成為文豪；而一句冰冷的批評，則可能把一個未來的科學家徹底摧毀。美國新澤西州威利蘭德職業訓練學校在給學生上心理學課時，教授們使用了一種被稱為「測力器」的儀器，對疲勞進行測量。當一個疲憊的年輕人受到表揚和鼓勵時，測力器便表明他的能量立即得到加強；而當他被批評訓斥一頓後，他的體力就急劇下降。

智慧沙：

金無足赤，人無完人，每個人都有值得對方學習的長處和優點。我們在日常生活中最常忽略的美德之一便是讚賞。別忘了為他人留下一點讚美的溫馨，別人也會把更多的友情回贈給你。

巧言拒絕好處多

在實際生活、工作中，人們時常會遇到別人向自己提出要求。有的提要求的人是你不喜歡的，有些人又恰恰提出了你難以接受的要求。處於這種尷尬之中，你將如何處理？明智的作法是：我們沒必要「有求必應」，要學會巧妙地「拒絕」。

清代名人鄭板橋任濰縣縣令時，曾查處了一個叫李卿的惡霸。

李卿的父親李君是刑部天官，聽說兒子被捕，急忙趕回濰縣為兒子求情。他知道鄭板橋正直無私，直接求情不會見效，於是便以訪友的名義來到鄭板橋家裡。鄭板橋知其來意，心裡也在想怎樣巧拒說情，於是一場舌戰巧妙地展開了。

李君四處一望，見旁邊的幾案上放著文房四寶，他眼珠一轉有了主意：「鄭兄，你我題詩繪畫以助雅興如何？」

「好哇。」

李君拿起筆在紙上畫出一片尖尖竹筍，上面飛著一隻烏鴉。

目睹此景，鄭板橋不搭話，揮毫畫出一叢細長的蘭草，中間有一隻蜜蜂。

李君對鄭板橋說：「鄭兄，我這畫可有名堂，這叫『竹筍似槍，烏鴉真敢尖上立』？」

鄭板橋微微一笑：「李大人，我這也有講究，這叫『蘭葉如劍，黃蜂偏向刃中行』！」

李君碰了一個釘子，換了一個方式，他提筆在紙上寫道：「燮乃才子。」

鄭板橋一看，人家誇自己呢，於是提筆寫道：「卿本佳人。」

李君一看心中一喜，連忙套近乎：「我這『燮』字可是鄭兄大名，這個『卿』字……」

「當然是貴公子的寶號啦！」鄭板橋回答。

李君以為自己的「軟招」奏效了，心裡別提有多高興了，當即直言相託：「既然我子是佳人，那麼請鄭兄手下留……」

「李大人，你怎麼『糊塗』了？」鄭板橋打斷李君的話，「唐代李延壽不是說過嗎……『卿本佳人，奈何做賊』呀！」

李天官這才明白鄭板橋的婉拒之意，不禁面紅過耳，他知道多說無益，只好拱手作別了。

智慧沙：

拒絕也是一門藝術，以其人之道，還治其人之身來婉言謝絕，則會顯得彬彬有禮且不失面子。

十九世紀，狄斯雷利一度出任英國首相。當時，有個野心勃勃的軍官一再請求狄斯雷利加封他為男爵。狄斯雷利知道此人才能超群，也很想跟他搞好關係，無奈此人不夠資格獲得加封條件，狄斯雷利無法滿足他的要求。

一天，狄斯雷利把軍官請到辦公室裡，與他單獨談話：「親愛的朋友，很抱歉我不能給你男爵的封號，但我可以給你一件更好的東西。」說到這裡，狄斯雷利壓低了聲音：「我會告訴所有人，我曾多次請你接受男爵的封號，但都被你拒絕了。」

狄斯雷利說話算數，他真的將這個消息散佈了出去。眾人都稱讚軍官謙虛無私、淡泊名利，對他的禮遇和尊敬遠遠超過任何一位男爵。軍官由衷感激狄斯雷利，後來成了他最忠實的夥伴和軍事後盾。

智慧沙：

在拒絕對方不當要求的同時，給足對方面子，這就是巧言說「不」的高明之處。讓對方明白，自己的要求雖未被滿足，但長遠利益（聲譽）仍得到了維護，這是比加官晉爵更好。

二十世紀三四十年代的美國總統富蘭克林．羅斯福在就任總統之前，曾在海軍擔任部長助理的要職。有一次，他的好友向他打聽美國海軍在加勒比海某島建潛艇基地的計畫。

當時，這是不能公開的軍事秘密。面對好友的提問，羅斯福怎麼拒絕才好呢？羅斯福想了想，故意靠近好友，神秘地向四周看了看，壓低嗓門問道：「你能對不宜外傳的事情保密嗎？」

好友以為羅斯福準備「洩密」了，馬上點點頭保證說：「當然能。」

羅斯福坐正了身子笑道：「我也一樣！」

好友這才發現自己上了羅斯福的「當」，他隨即明白了羅斯福的意思，開懷大笑起來，不再打聽了。

智慧沙：

拒絕是一門學問，應該體現出個人的品德和修養，使別人在你的拒絕中，一樣能感覺到你是真誠的、善意的、可信的。

說服他人也有訣竅

伽利略年輕時就立下雄心壯志，要在科學研究方面有所成就，他希望得到父親的支援和幫助。可是父親卻非常反對他研究科學，而希望他能成為一名優秀的外科醫生。因此，伽利略總想找個機會說服父親。

一天，伽利略又和父親聊到了這個話題。他對父親說：「父親，我想問您一件事，是什麼促成了您同母親的婚事？」

「我看上她了。」父親微笑著說。

伽利略又問：「那您有沒有娶過別的女人？」

「當然沒有，孩子。家裡的人要我娶一位富有的女士，可我只鍾情你的母親，她從前是一位風姿綽約的姑娘。」

伽利略說：「您說得一點也沒錯，她現在依然風韻猶存，您不曾娶過別的女人，因為您愛的是她。您知道，我現在也面臨著同樣的處境。除了科學以外，我不可能選擇別的職業，因為我喜愛的正是科學。別的對我而言毫無用途，也毫無吸引力。科學是我唯一的需要，我對它的愛有如對一位美貌女子的傾慕。」

父親說：「像傾慕女子那樣？你怎麼會這樣說呢？」

伽利略說：「一點不錯，親愛的父親，我已經十八歲了。別的學生，哪怕是最窮的學生，都已想到自己的婚事，可是我從沒想過那方面的事。我不曾與人相愛，我想今後也不會。別的人都想尋求一位標緻的姑娘作為終身伴侶，而我只願與科學為伴。」

父親始終沒有說話，只是仔細地聽著。

伽利略繼續說道：「親愛的父親，您有才能，但沒有力量，而我卻能兼而有之。為什麼您不能幫助我實現自己的願望呢？我一定會成為一位傑出的學者，獲得教授身份。我能夠以此為生，而且比別人生活得更好。」

父親為難地說：「可我沒有錢供你上學。」

「父親，您聽我說，很多窮學生都可以領取獎學金，我為什麼不可以呢？您在佛羅倫斯有那麼多朋友，您和他們的交情都不錯，他們一定會盡力幫助您的。也許您能到宮廷去把事辦妥，他們只需去問一問公爵的老師奧斯蒂羅・利希就行了，他了解我，知道我的能力……」

父親被說動了：「你說得有理，這是個好主意。」

伽利略抓住父親的手，激動地說：「我求求您，父親，求您想個法子，盡力而為。我向您表示感激之情的唯一方式，就是……就是保證成為一個偉大的科學家……」

智慧沙：

如果正面說服別人有一定難度，不妨暫時遠離話題，向對方談論一件看起來與之毫不相干的事，再誘導對方歸納出其中蘊涵的道理，進行以此類推。

趙太后剛剛執政，秦國就急忙進攻趙國。趙太后向齊國求救，齊國國右說：「一定要用長安君來做人質，援兵才能派出。」

趙太后不肯答應，大臣們極力勸諫。她公開對左右近臣說：「有誰敢再說讓長安君去做人質，我一定吐他一臉口水！」因此，很多人都不敢再去勸諫了。

一天，有人稟報趙太后說左師公觸龍要求見太后。趙太后心想他一定也是來勸諫自己的，不由得心生怒火。

觸龍做出快步走的姿勢，慢慢地挪動著腳步，到了太后面前謝罪說：「老臣很久沒來看您了，我私下原諒自己，又總擔心太后的貴體有什麼不舒適，所以想來看望您。」

「我全靠坐輦走動。」

「您每天的飲食該不會減少吧？」

「吃點稀粥罷了。」

「我近來很不想吃東西，自己卻勉強走走，每天走上三四裡，就慢慢地稍微增加點食欲，身上也比較舒適了。」

「可我做不到。」太后的怒色稍微消解了些。

觸龍話題一轉，說道：「太后，老臣今天前來，有一事相求，希望太后能夠答應我。」

「你有什麼事情？」

「我的小兒子不成材，而我又老了，私下疼愛他，希望能讓他遞補上黑衣衛士的空額，來保衛皇宮。我冒著死罪稟告太后。」

「可以。年齡多大了？」

「十五歲了。雖然已經不小了，不過我希望趁我還沒入土就託付給您。」

「你們男人也疼愛小兒子嗎？」

「比女人還厲害。」

「女人更厲害。」

「我私下認為，您疼愛燕后就超過了疼愛長安君。」

「您錯了！不像疼愛長安君那樣厲害。」

「父母疼愛子女，就得為他們考慮長遠些。您送燕后出嫁的時候，摸著她的腳後跟為她哭泣，這是惦念並傷心她嫁到遠方，也夠可憐的了。她出嫁以後，您也並不是不想念她，可您祭祖時，一定為她祝告說：『千萬不要被趕回來啊！』難道這不是為她做長遠打算，希望她生育子孫，一代一代地做國君嗎？」

「是這樣。」

「從這一輩往上推到三代以前，一直到趙國建立的時候，趙王被封侯的子孫的後繼人有還在的嗎？」

「沒有。」

「不光是趙國，其他諸侯國君的被封侯的子孫，他們的後人還有在的嗎？」

「我沒聽說過。」

觸龍說：「他們當中禍患來得早的就降臨到自己頭上，禍患來得晚的就降臨到子孫頭上。難道國君的子孫就一定不好嗎？這是因為他們地位高而沒有功勳，俸祿豐厚而沒有勞績，占有的珍寶卻太多了啊！現在您把長安君的地位提得很高，又封給他肥沃的土地，給他很多珍寶，而不趁現在這個時機讓他為國立功，一旦您百年之後，長安君憑什麼在趙國站住腳呢？我覺得您為長安君打算得太短了，因此我認為您疼愛他不如疼愛燕后。」

「好吧，任憑您指派他吧。」

最後，觸龍講清了只有令長安君「為國立功」，才能使他「在趙國站住腳」的道理，最終完全說服了趙太后。於是觸龍就替長安君準備了一百輛車子，送他到齊國去做人質。此時，齊國的救兵才出動。

智慧沙：

聰明的說服者在說話的開頭，就設法使對方無法說「不」，而是不斷地說「是」——這就證明他已經抓住對方的心理，使對方的思維跟著他的舌頭移動了！

林小姐是某大學外國留學生的中文教師。她上課時，日本留學生野村大平經常遲到，而且總是穿著拖鞋進教室，只要他一到，「劈劈啪啪」的響聲就在教室裡回蕩，十多分鐘後才能安靜下來。

林老師曾幾次向野村大平指出這一細節問題，要他改穿正式一點的鞋子上課，以免影響老師和同學，野村大平總是油腔滑調地回答：「老師，我只有一雙拖鞋，要是不讓穿，我只好不來上課。」他的話引得留學生們哄堂大笑。

有一次，上課時講解各國的風土人情，林老師請各國留學生介紹自己國家的文化，有意讓野村大平介紹日本的「榻榻米」。野村大平興趣來了，他跑上講台連說帶比畫，告訴大家使用「榻榻米」的規矩。

林老師冷不防插問道：「如果有人一定要穿著鞋子踩上『榻榻米』，日本人會怎麼看呢？」

野村大平不假思索地回答：「那日本人一定會認為這個人腦子有病。」

林老師笑了，接著問道：「那麼，在中國大學的課堂裡，你一定要穿拖鞋來上課，中國人怎麼看你呢？」

野村大平愣了半天，恍然大悟道：「老師的圈套大大的，我掉進去了。」第二天他穿了一雙嶄新的運動鞋走進教室，還故意朝林老師抬了抬腳。

智慧沙：

當在你嘗試說服他人的時候，最好先避開對方的忌諱，從對方感興趣的話題談起，不要太早暴露自己的意圖。要讓對方一步步地贊同你的想法，當對方跟著你走完一段路程時，便會不自覺地認同你的觀點。

用不同的方式與人交談

唐高宗李治要立武則天為皇后，遭到了長孫無忌、褚遂良等一大批元老大臣的反對。一天，李治又要召見他們商量此事，褚遂良說：「今日召見我們，必定是為皇后廢立之事，皇帝決心既然已經定下，要是反對，必有死罪。我既然受先帝的顧託，輔佐陛下，不拚死一爭，還有什麼面目見先帝於地下！」

李世和長孫無忌、褚遂良一樣，也是顧命大臣，但他看出，此次入宮，凶多吉少，便藉口有病躲開了。而褚遂良由於當面爭辯，當場便遭到武則天的斥罵。

過了兩天，李世單獨謁見皇帝。李治問：「我要立武則天為皇后，褚遂良堅持認為不行，他是顧命大臣，若是這樣極力反對，此事也只好作罷了。」

李世明白，反對皇帝自然是不行的，而公開表示贊成，又怕別的大臣議論，便說了一句滑頭的話：「這是陛下家中的事，何必再問外人呢？」

李世這句回答很巧妙，既順從了皇帝的意思，又讓其他大臣無懈可擊。李治因此而下定了決心，武則天終於當上皇后。後來長孫無忌、褚遂良等人都遭到了迫害，只有李世一直官運亨通。

智慧沙：

一般人常常不分對象，心裡想什麼，就直接說出來。於是，說者無意，聽者有心，不知不覺中就得罪了許多人，給自己無形中製造了很多不必要的麻煩，甚至造成無可挽回的後果。

楊先生最喜愛的一件新外套被洗衣店的人燙出了一塊焦痕，他決定找洗衣店的人賠償。但麻煩的是那家洗衣店在收衣服時就聲明，「價錢便宜，洗染時衣物受到損害概不負責」！與洗衣店的職員做了幾次無結果的交涉後，楊先生決定找洗衣店的老闆。

進了辦公室，看到高高在上的老闆面無表情地坐在那兒，楊先生心裡就沒了好氣。

「先生，我剛買的衣服被您手下不負責任的員工燙壞了，我來是要求賠償的，它值一萬五千元。」楊先生大聲地說道。

老闆看都沒看他一眼，冷淡地說：「接貨單子上已經寫著『損壞概不負責』的協定，所以我們沒有賠償的責任。」

出師不利，冷靜下來的楊先生開始尋找切入點。他突然看到老闆背後的牆上掛著一隻網球拍，心中便有了主意。

「先生，您喜歡打網球啊？」楊先生輕聲地問道。

「是的，這是我唯一的也是最喜愛的運動了。怎麼，你也喜歡嗎？」老闆一聽網球的事，立刻來了興趣。

「我也很喜歡，只是打得不好。」楊先生故作高興且一副虛心求教的樣子。

洗衣店的老闆一聽，更高興了，如碰到知音一樣地與他大談起網球技法與心得來。談到得意時，老闆甚至站起身做了幾個動作，而楊先生則大加稱讚老闆的動作優美。熱烈討論過後。老闆又坐了下來。

「哎喲，差點忘了！你那衣服的事……」

「沒關係，在這裡您給我上了一堂網球課。我已經夠了！」

「這怎麼行！」

說完，老闆把他的秘書叫了進來，吩咐道：「王小姐，你給這位先生開張支票吧……」

智慧沙：

獨特的個性、嗜好和知識結構使某個人只能是「這樣」而不能是「那樣」，所以在與不同人物交談時，記得察言觀色，採取不同的談話方式。

一次，魯迅先生到廈門的一所平民學校去演講，他深知這些平民子弟渴望求知，但由於長期受到環境的壓制，對是否能學好又存有懷疑和擔心。清楚這樣心理的魯迅先生就在演講中說：「你們都是工人、農民的子弟，因為家境貧寒才失學。但是你們窮的是金錢，而不是聰明的才智。即使是貧民子弟也一樣是聰明的、有智慧的。沒有人的權利能大到讓你們永遠被奴役，也沒有什麼人會命中註定做一輩子窮人，只要肯奮鬥，就一定會成功，一定有前途。」這幾句話贏得了滿堂的喝彩，不少人激動得熱淚盈眶。

智慧沙：

與性格活潑、個性開朗的人交談可以比較隨意地開玩笑；與性格內向的人交談需要耐心；與性格耿直的人交談可以直言不諱，這反而能引起對方的共鳴；與生性多疑、小心眼兒的人交談，要小心謹慎，開口前要再三醞釀，以免得罪對方。

及時彌補失言

一次在航線上，朱姓空姐和往常一樣本著顧客至上的服務精神，熱情地詢問一對年輕的外籍夫婦，是否需要為他們的幼兒預備一點早餐。那位男乘客出人意料地用中文答道：「不用了，孩子吃的是媽媽的奶。」

朱莉葉沒有仔細聽這位先生的後半句話，為進一步表示誠意，毫不猶豫地說：「那麼，如果您孩子需要用餐，請隨時通知我好了。」

男乘客先是一愣，隨即大笑起來，說道：「這就不需要麻煩您了！」朱姓空姐這才如夢初醒，羞紅了臉，只能為自己的失言窘得微笑帶過。

智慧沙：

「人有失足，馬有漏蹄」，無論凡人名人，都免不了發生言語失誤，但可千萬別忘記還有「微笑」可以及時補救、矯正。

一九七六年十月六日，在美國福特總統和卡特共同參加的為總統選舉而舉辦的第二次辯論會上，福特對《紐約時報》記者馬克斯・佛朗肯關於波蘭問題的提問，做了「波蘭並未受蘇聯控制」的回答，並說「蘇聯強權控制東歐的事實並不存在」。

這一發言在辯論會上屬明顯的失誤，當時遭到記者立即反駁。但反駁之初佛朗肯的語氣還比較委婉，試圖給福特以改正的機會。他說：「問這一件事我覺得不好意思，但是您的意思難道是在肯定蘇聯沒有把東歐化為其附屬國？也就是說，蘇聯沒有憑軍事力量壓制東歐各國？」

然而當時福特並不明智，沒有承認自己失言並偃旗息鼓，結果所有媒體和專欄都紛紛對福特的失策做了報導，福特付出了沉重的代價。

智慧沙：

「他是真正的傻瓜呢？還是像隻驢子一樣的頑固不化？」媒體對失言者的批評絕對不僅僅是說錯話而已，更多的是它帶來的後遺症和所衝擊到的不良影響。

一次，美國總統雷根訪問巴西，由於旅途疲乏，年歲又大，在歡迎宴會上，他脫口說道：「女士們，先生們！今天，我為能訪問玻利維亞而感到非常高興。」

有人低聲提醒他說漏了嘴，雷根忙改口道：「很抱歉，我們不久前訪問過玻利維亞。」

智慧沙：

聰明的人在被對方擊中要害時絕不強詞奪理，他們需要的是發現及時和改口巧妙的語言技巧。這時鎮定自若、處變不驚是一種最為明智的做法，至於認輸與否，也就不麼關注和強求了。

提建議也要謹慎

新來的經理第一次主持會議，他很誠懇地要求大家以後多提「建議」，並且說：「如果我有什麼不太好的習慣、缺點，或者是對工作有什麼好的建議、意見，也歡迎大家告訴我。」

現場鴉雀無聲，沒人說話。第二次會議，經理再次重複那些話，才到職兩個月的小許終於站起來提了一些工作上的建議，經理當場表示「嘉許」。因為有了小許的示範作用，有好幾位同事相繼發言。

在以後的日子裡，小許每遇會議，必不放過提建議的機會，除了工作上的建議之外，也針對經理個人的言行有中肯而且誠懇的建議。

大家都認為，小許不久後一定會「高升」，可是結果卻事與願違。小許被調到一個閒差，從此再也沒有機會在開會時提「建議」。

智慧沙：

有些人可以接受九十九句批評的話，卻不能接受冒犯到他自己的一句話。人有很多種，有些人心口如一，寬容大量；有些人心口不一，嘴巴說得很漂亮，心裡完全不那麼想。

有一位職員小王制訂了一套工作方案，他和自己的直屬科長事先商量過，科長表示贊同。現在需要獲得老闆最後的認可。

要這樣去找科長商量，小王有些為難。

科長說：「如果你要去老闆那裡，我們一起去。」

科長的行動鼓足了小王的信心，兩人立即一起到老闆的辦公室，向老闆說明建議的內容。

老闆聽過後，問科長：「你認為怎樣？」

在小王的心目中，科長是位熱心人，待人很謙和。他認為，科長一定會積極推薦自己的方案，眼看就要大功告成了。

可是科長說：「我看這個方案馬馬虎虎還可以。」

小王一聽，馬上就有一種受欺騙的感覺。他想：我們不是都說好了的嗎，怎麼說是「馬馬虎虎」呢？

科長接著說：「小王對此事很熱心，一定要我和他一起來找您。」

小王一聽，心裡開始「憤慨」了：你這科長，怎麼如此不講信用，明明是你自己願意來的，怎麼是我要你來的呢？

老闆看了看科長，再把眼光轉向小王說：「這件事很重要，就這樣做吧！」

後來，小王悟出了科長所說的「馬馬虎虎」、「小王太熱心了」等話的深刻含義：他要老闆自己來做決定，而不是他自己同意這個建議。這時，小王才領悟了科長的高明之處。

智慧沙：

向上司進言時，不是直陳自己的觀點，應該謙虛地說：「還有不少問題，請多加指教。」有時這會是決定你成功和失敗的關鍵。

小吳是一公司的中階職員，他的心地公認的好，可是一直升不了職。和他同年齡、同時進公司的同事，不是外調獨當一面，就是成了他的頂頭上司。另外，別人雖然都稱讚他好，但他的朋友並不多，不但下了班沒有應酬，在公司裡也常獨來獨往，好像不太受歡迎的樣子……其實小吳能力並不差，也有相當好的觀察、分析能力，問題是，他說話太直了，總是直話直說，不加修飾，於是直接、間接地影響了他的人際關係。

智慧沙：

「直言易惹禍」，逞一時之快，或不論在什麼時候都一吐為快時，應該想想你鋒利的語言之箭是否傷害到自己或他人。

讓讚美的話顯得更加真誠

漢宣帝時，渤海一帶災害不斷，當地百姓衣食無著，屢屢向官府「伸手」。漢宣帝不糊塗，他知道災民勢力大，出兵鎮壓只會火上澆油，便派七十餘歲的龔遂就任渤海太守，由他安撫災民。

龔遂不愧是有為之官，他到任後廣攬賢才，恩威並用，竭力緩和矛盾。幾年後，渤海一帶社會安定，百姓溫飽有餘，龔遂名聲大振。

龔遂應召還朝「述職」，漢宣帝問他：「龔卿如何治理渤海，使之由亂變治？」

龔遂回答：「微臣豈敢貪天之功，渤海之治是天子的神武感化的結果！」漢宣帝聽後十分高興，將龔遂留在身邊，任以顯要而又輕閒的官職。

智慧沙：

在適當的時間和適當的場合說幾句讚美或恭維人的話，就能夠調和沉悶的氣氛，增強他人的自信，使彼此找到共鳴的感應。

某縣市召開重大幹部級會議。公務員小高參與會務工作，他認為這是結識各方人物的良機，不可錯過，因此早早來到會場入口處迎接各位領導。

A局長乘專車來到，小高上前打開車門，讚說：「風光、風光，全市就您這一部奧迪車最美。真讓人羨慕！」A局長聽後笑笑，入會場。

B局長乘計程車來，小高初覺得疑惑，隨即稱讚：「瀟灑、瀟灑，一招手就是，不用麻煩司機，還來去自由。您必是做事靈活的局長。」B局長聽後笑笑，入會場。

C局長響應「節能減碳」騎輛自行車就來了。他停好車，上了鎖，小高便跑到跟前，稱讚：「廉潔、廉潔，都像您這樣，老百姓還有啥抱怨的。」C局長聽後笑笑，入會場。D局長住處離會場不遠，他走著來了。小高迎上去，稱讚：「時尚、時尚，您愛運動，身體一定很棒！」D局長聽後笑笑，入會場。

智慧沙：

讚美別人當然要說真實的話，太虛假只會讓人心生厭惡，而貼切的讚美會有畫龍點睛之效。

正面進攻不如旁敲側擊

淳于髡是齊國的一位大夫，雖然他相貌平常，身材也一般，卻是位學識淵博、能言善辯，且又機智過人的人。因此齊王非常器重他，並且把他招為女婿。

孟嘗君是齊國的名門貴族，幾度出任相職，是政界的實力派。但有一次他與齊王意見不和，一氣之下辭去相職，回到了私人領地叫薛的地方。

這時與薛接鄰的南方大國楚國正待舉兵攻薛。與楚相比，薛不過是彈丸之地，兵力糧草等均不能相比，楚兵一旦到來，薛地後果不堪設想。

燃眉之急，唯有求救於齊。但孟嘗君剛剛與閔王鬧了意見，沒有面子去求。去了也怕閔王不答應。為此他傷透了腦筋，幾乎一籌莫展。絕路之中老天給他降下了一線希望，齊國大夫淳于髡來薛地拜訪。他是奉閔王之命去楚國交涉國事，歸途順便來看望孟嘗君的。孟嘗君撫額稱慶，可謂天助我也。他早已想好了主意，親自到城外迎接，並以盛宴款待。

淳于髡不僅善隨機應變，常為諸侯效力，與王室也有密切的關係。威、宣、閔三代齊王都很器重他。閔王時代成了王室的政治顧問，與孟嘗君本人也有私交。

孟嘗君決心已下，開口直言相求：「我將遭楚國攻擊，危在旦夕，請君助我。」

淳于髡也很乾脆：「承蒙不棄，從命就是。」後人猜測，淳于髡此行，可能是有目的而來，即為朋友解危的，只不過這話需孟嘗君親自當面求說就是了。朋友之交，有許多心照不宣的東西，古亦如此。

卻說淳于髡趕回齊國，進宮覲見閔王。官場的話當然是要相告出國履行公務的結果，但他真正要辦的事情也早已盤算在心。

閔王問道：「楚國的情況如何？」

閔王的話題正投淳于髡的所好，順著這個話題，淳于髡要開始展開攻心術，履行對朋友的承諾了。

「事情很糟。楚國太頑固，自恃強大，滿腦子想以強淩弱；而薛呢，也不自量……」話題有意識性地在轉向薛。但談到薛，卻不露痕跡。閔王一聽，馬上就問：「薛又怎麼樣？」淳于髡眼見閔王入了圈套，便捉住機會說：「薛對自己的力量缺乏分析，沒有遠慮，建築了一座祭拜祖先的寺廟，規模宏大，卻不問自己是否有保衛它的能力。目前楚王要出兵攻擊這一寺廟，唉，真不知後果怎樣！所以我說薛不自量，楚也太頑固。」

齊王表情大變：「喔，原來薛有那麼大的寺廟？」隨即下令派兵救薛。

智慧沙：

提出一些看似與正題無關的話題，讓聽者自己去體味、理解其中的真意，以此來達到啟示、提醒、勸阻或教育他人的目的。

齊威王即位後，整天只知道沉湎於酒色之中，好幾年不理國事。左右大臣都不敢勸諫。於是淳于髡決定去試一試。

一天，淳于髡去見威王，說有一個謎語要他猜。威王最喜歡猜謎語了，便催淳于髡快說。淳于髡於是說：「有隻大鳥，停在王宮的庭院裡已經三年了，既不飛也不叫。請大王猜猜這隻鳥是怎麼一回事。」

威王回答說：「這隻鳥不飛則已，一飛沖天；不鳴則已，一鳴驚人。」

從這以後，威王開始內治國政，外收失地，稱霸天下。

齊威王八年，楚國發兵攻打齊國。威王派淳于髡出使趙國求救，叫他帶一百鎰金、十駕馬車去送給趙王。淳于髡忍不住仰天大笑，連繫帽子的帶子都笑斷了。

威王問他是不是嫌帶去的禮物太少，淳于髡說：「豈敢，豈敢。我只是想到一件好笑的事情罷了。」

威王一聽是好笑的事情，連忙叫淳于髡講給他聽。淳于髡於是說：「今天我從東邊來時，看見路旁有個種田人在祈禱。他拿著一個豬蹄子、一杯酒禱告上天保佑他五穀豐登，米糧堆積滿倉。我見他拿的祭品很少，而所祈求的東西卻太多，所以笑起來了。」

齊威王當然聽懂了他的意思，便把去趙國的禮物增加到一千鎰金、十對白璧、一百駕馬車。

淳于髡到趙國獻上禮物，陳說了利害關係後，趙王發出精兵十萬支援齊國。楚王聽說後連夜退兵回國了。

齊威王非常高興，在宮內設酒宴為淳于髡慶功。威王問淳于髡要喝多少酒才會醉，淳于髡回答說喝一斗酒也會醉，喝十斗酒也會醉。威王覺得他真有意思，既然喝一斗就會醉了，怎麼還能喝十斗呢？因此要他講一講這其中的道理。

於是淳于髡便說起了他的酒經：「如果大王當面賞酒給我喝，執法官站在一旁，禦史官站在背後，我戰戰兢兢，低頭伏地而喝，喝下了一斗就會醉了。如果父母或貴客來我家，我恭謹地陪酒敬客，應酬舉杯，喝不到兩斗也會醉了。如果有朋自遠方來，相見傾吐衷腸，暢敘友誼，那就要喝上個五六斗才會醉了。如果是鄉里之間的宴會，有男有女，隨便雜坐，三兩為伴，猜拳行令，男女握手也不受罰，互相注目也不禁止，自由自在，開懷暢飲，這樣，我就是喝到八斗也只會有二三分醉意。如果到了晚上，宴會差不多了，大家撤了桌子促膝而坐，男女都同坐在一個坐席上，靴鞋錯雜，杯盤狼藉。等到堂上的蠟燭燒盡了，主人送走客人而單單留下我，解開羅衫衣襟，微微能聞到香汗的氣息。這時，我歡樂至極，忘乎所以，要喝到十斗才會醉。所以說，酒喝過頭了就會亂來，歡樂過頭了就會生悲，世上的事情都是這樣的啊！」

齊威王聽了他這一段精彩的酒經，沉思了好一會兒，然後說：「講得好啊！」從此以後，齊威王戒掉了通宵達旦飲酒的壞習慣。

智慧沙：

在許多場合，有一些話不能直說也不好直說，於是，旁敲側擊繞道迂回，就成為人們所採用的方法。它的妙處在於既不失禮節，又傷不到對方的面子，並且還給自己留下了迴旋的餘地。

讓你的語言更有藝術性

一個理髮師傅帶了個徒弟。徒弟學藝三個月後，這天正式上線工作，他給第一位顧客理完髮，顧客照照鏡子說：「頭髮留得太長。」徒弟不語。

師傅在一旁笑著解釋：「頭髮長，使您顯得含蓄，這叫藏而不露，很符合您的身份。」顧客聽罷，高興而去。

徒弟給第二位顧客理完髮，顧客照照鏡子說：「頭髮剪得太短。」徒弟無語。

師傅笑著解釋：「頭髮短，使您顯得精神、樸實、厚道，讓人感到親切。」顧客聽了，欣喜而去。

徒弟給第三位顧客理完髮，顧客一邊交錢一邊笑道：「花時間挺長的。」徒弟無言。師傅笑著解釋：「為『首腦』多花點時間很有必要，您沒聽說『進門蒼頭秀士，出門白面書生』？」顧客聽罷，大笑而去。

徒弟給第四位顧客理完髮，顧客一邊付款一邊笑道：「動作挺俐落的，二十分鐘就解決問題。」徒弟不知所措，沉默不語。

師傅笑著搶答：「如今，時間就是金錢，『頂上功夫』速戰速決，為您贏得了時間和金錢，您何樂而不為？」顧客聽了，歡笑告辭。

晚上打烊時，徒弟怯怯地問師傅：「您為什麼處處替我說話？反過來，我沒一次做對過。」

師傅寬厚地笑道：「不錯，每一件事都包含著兩重性，有對有錯，有利有弊。我之所以在顧客面前鼓勵你，作用有二：對顧客來說，是討人家喜歡，因為誰都愛聽好聽話；對你而言，既是鼓勵又是鞭策，因為萬事開頭難，我希望你以後把活做得更加漂亮。」

徒弟很受感動，從此，他越發刻苦學藝。日復一日，徒弟的技藝日益精湛。

智慧沙：

真正會談話的人，善於引導話題，能把庸雜瑣閒之話題引向深思探究，這種人才是社交談話中受人尊敬的人。

楚莊王酷愛養馬，把那些最心愛的馬，都披上華麗的綢緞，養在金碧輝煌的廳堂裡，讓牠們睡清涼的席床，吃美味的棗肉。

有一隻馬因為長得太肥而死了。楚王命令全體大臣致哀，準備用棺槨裝殮，一切排場按大夫的葬禮隆重舉行。左右大臣紛紛勸諫他不要這樣做，楚王非但不聽，還下了一道通令：「敢為葬馬向我勸諫的，一律殺頭。」

優孟聽說了，闖進王宮就號啕大哭。楚莊王吃驚地問他為什麼哭，優孟回答：「那匹死了的馬啊，是大王最心愛的。像楚國這樣一個堂堂大國，卻只用一個大夫的葬禮來辦馬的喪事，未免太不像話。應使用國王的葬禮才對啊！」

楚王說：「照你看來，應該怎樣呢？」

優孟回答：「我看應該用白玉做棺材，用紅木做外槨，調遣大批士兵來挖個大墳坑，發動全城男女老幼來挑土。出喪那天，要齊國、趙國的使節在前面敲鑼開道，讓韓國、魏國的使節在後面搖幡招魂。建造一座祠堂，長年供奉它的牌位，還要追封牠一個萬戶侯的諡號。這樣，就可以讓天下人都知道，原來大王把人看得很輕賤，而把馬看得最貴重。」

楚王這時終於恍然大悟，知道這是優孟在含蓄地批評他，便說：「我的過錯就這樣大嗎？好吧，那你說現在應該怎麼辦呢？」

優孟答道：「事情好辦，依臣之見，用灶頭為槨，銅鍋為棺，放些花椒桂皮，生薑大蒜，把馬肉燉得香噴噴的，讓大家飽餐一頓，把牠葬到人的肚子裡。」

智慧沙：

說服別人之前，先把別人的想法、問題看清、摸準，反復研究、深思熟慮，並多聽、多看、多想、多分析，使自己得到正確的判斷。

第三卷 性格定命

哲語云：性格決定命運。生活中的諸多矛盾和衝突皆源於我們的性格。性格直接影響著一個人的行為方式和生活習慣，也能決定一個人的成敗得失。比如，性格好的人，不管身處順境還是逆境，都能坦然面對，並且不懈努力，取得成功。性格不好的人走盡彎路，受盡挫折，甚至在關鍵時刻毀掉一個人的一生，造成不可挽回的損失。

謙讓之心拓展生命之路

一位中年婦女，獲悉在外地工作的丈夫出了事故，她便立即直奔火車站，想乘當天下午的火車前去看望丈夫。但正值下班時刻，售票窗口已排成長龍，面對此景她不知所措，急得禁不住不停地自語：「這該怎麼辦！這該怎麼辦！」排在她前面的一位老人，知道她的遭遇後，說了一句讓她永生感激的話：「您先請！」接著，前面的排隊者，也一個個說出同樣讓人怦然心動的話：「您先請！」

智慧沙：

謙讓，是一種素質，是一種美德，是一種文明禮儀的標誌，它是人與人之間友好相處的「潤滑劑」，是構建文明與和諧社會的基本要素。

明朝時，河南洛陽有個叫董篤行的人在京城做事。一天，接到母親來信說家裡因蓋房砌牆發生爭執，讓他出面干涉。董寄詩一首云：「千里捎書只為牆，不禁使我笑斷腸，你仁我義結近鄰，讓出兩牆又何妨。」董母覺得有道理，照辦。鄰居受到教育，也主動退讓。結果兩家共讓出八尺寬的地方，兩牆之間形成了一條通道，被成為「仁義胡同」。

智慧沙：

高明的人，懂得謙讓的道理，知道生命的可貴，所以他們心胸寬廣，生活幸福。

小花貓和小白貓在一塊玩耍，牠們同時發現了路邊的一塊肉，這塊肉剛烤過，還直冒香味呢。於是，小花貓和小白貓不約而同地撲向這塊肉，互相爭奪起來。

「這是我發現的，所以是我的！」小花貓說。

小白貓卻說：「不對，我先發現的，應該是我的！」

他們倆都說是自己先發現的，雙方互不退讓，緊抓著食物不放。

就在這時，一隻過路的狐狸看見小花貓和小白貓手中的肉，饞得只流口水。牠想：哎呀，好久都沒有吃過這麼香的肉了，看來我今天有口福了。轉了轉眼珠，就生出一計來。

牠走到小花貓和小白貓身邊，問道：「可愛的孩子們，你們在吵什麼呢？」

「嗯！狐狸伯伯，請評評理，是他想搶走我發現的食物啊！」小花貓說。

「不對，這是我先發現的！」小白貓也不示弱。

「我知道了，知道了！伯伯會好好地替你們把肉分成兩半的，不要再吵了，去拿秤來！」

狐狸將肉分成兩半，並且用秤量了起來。

「咦，右邊比較重喔！」小花貓說。

「沒關係，我咬下一口就不會重了。」說著，狐狸就把右邊的一半咬下了一口。

「啊！這次變成左邊比較重啦！」小白貓說。

於是，狐狸又咬了一口左邊的食物。

「這樣左邊又太輕了！」

於是狐狸又咬下一口右邊的肉。

就這樣，兩隻小貓眼睜睜地看著秤上的肉，變成了豆粒般大小。

「實在沒辦法啦！就讓伯伯吃光吧！」結果狐狸把肉吃得一乾二淨。

兩隻小貓你望著我，我看著你，異口同聲地說道：「如果我們兩個彼此謙讓一下，好好地把那塊肉分開來吃，該多好啊！」

智慧沙：

生活和工作之中，有很多地方需要我們互相謙讓，如果每個人都能將方便主動給別人，那麼這個社會將會更加和諧、融洽、美滿。

清高自負惹禍端

漢朝的時候，在西南方有個名叫夜郎的小國家，它雖然是一個獨立的國家，可是國土很小，百姓也少，物產更是少得可憐。但是由於鄰近地區以夜郎這個國家最大，使從沒離開過夜郎國的國王就以為自己統治的是全天下最大的國家。

有一天，夜郎國國王與部下巡視國境的時候，他指著前方問道：「這些地方裡，哪個國家最大呀？」部下們為了迎合國王的心意，就說：「當然是夜郎國最大囉！」走著走著，國王又抬起頭望著前方的高山問說：「天底下還有比這座山更高的山嗎？」部下們回答說：「天底下沒有比這座更高的山了。」後來，他們來到河邊，國王又問：「我認為這可是世界上最長的河川了。」部下們仍然異口同聲回答說：「大王說得一點都沒錯。」從此以後，無知的國王就更相信夜郎是天底下最大的國家。

有一次，漢朝派使者來到夜郎，途中先經過夜郎的鄰國滇國，滇王問使者：「漢朝和我的國家比起來，哪個大？」使者一聽嚇了一跳，他沒想到這個小國家，竟然無知的自以為能與漢朝相比。後來使者到了夜郎國，卻沒想到驕傲又無知的國王因為不知道自己統治的國家只和漢朝的一個縣差不多大，竟然也不知天高地厚也問使者：「漢朝和我的國家哪個大？」

智慧沙：

自負往往使人看不到自己的弱點、缺點和錯誤，對事物的複雜性、曲折性缺乏認識。

西漢人楊惲是司馬遷的外孫，非常有才能，喜歡結交儒生與豪傑，在朝廷中有很高的名望，漢宣帝任他為郎官。大司馬霍禹謀反，楊惲事先得到消息，上報皇帝。因為這件事皇帝加封他為平通侯，升中郎將，再升光祿勳。

楊惲這個人什麼都好，只有一樣不好，就是我行我素。比如，宮中有堯、舜、桀、紂的畫像，楊惲指著桀、紂的像對人說：「當今天子經過此地時，要是能對他們的過錯一一指明，就知道怎樣做天子了。」

說這些話是大逆不道的，但是楊惲卻不在乎。廷尉於定國查明屬實後，便奏請皇帝逮捕楊惲治罪。漢宣帝認為楊惲對自己有功，不忍心殺了他，就下詔把他免為庶人。

楊惲不吸取教訓，失去官職、爵位後，便借招朋聚友、狂飲爛醉來發洩自己的不滿。

他又添置產業，經商逐利。西漢大臣講究身份，楊惲這種與民爭利的行為也是離經叛道的，一時人們議論紛紛。楊惲的朋友孫會宗當時是西河太守，得知這個情況後，就寫信勸楊惲要謹慎自守，閉門思過，以便再被起用。楊惲自認為沒有過錯，於是模仿司馬遷《報任安書》的筆調，寫了一封《報孫會宗書》。其實，楊惲所受委屈與他外祖父當年所受的委屈根本沒法相比，但楊惲卻在詩中大發牢騷。他對孫會宗的好心一點不理會，反而不斷申明自己已是庶人，甚至罵孫會宗以士大夫的身份媚俗為貪鄙。後被人告發，漢宣帝大怒，下令把楊惲腰斬了。

智慧沙：

一個人想發表意見之前，不能只想到自己，還要為別人考慮，要能體諒別人的難處。我行我素之人的問題就出在這裡，他們在為人處世時，從不替別人考慮，其結果只能讓自己的路越走越窄。

謙虛是一種高尚的品德

一塊岩石長年累月地經受風侵雨蝕，裂開了一道縫隙。一棵小草的種子被沿途經過的大雁扔了下來，恰好落到這塊岩石的縫隙裡。春天來臨的時候，經過陣陣春雨的滋潤，種子終於發芽了，一棵嫩嫩的小草從岩石縫裡冒了出來。

這裡的條件非常艱苦，沒有廣闊的草原，沒有小鳥的歌唱，沒有野花的清香，更重要的是，這裡沒有她的兄弟姐妹。還好，這裡還有一塊岩石，與小草相依為命，要不，小草就只能自己一個人孤零零地遠離故土了。

雖然這裡的條件相當艱苦，但小草仍然過得很開心。每天清晨醒來，她都會在微風中唱歌、跳舞，在無聊的時候，就會找岩石聊天。

岩石對小草說：「孩子，你怎麼到這裡來了呢？我們這裡太貧瘠了，養不活你啊！」

小草說：「老媽媽，你別擔心，我一樣會長得很好。」

就這樣，陽光愛撫地照耀著她，春風柔和地撫摸著她，雨露更不斷地給予這顆不平凡的幼芽以最慈愛的關懷和哺育。

有了陽光和雨露的滋潤，小草漸漸地長大了，長得很健康，也很結實。雖然這裡經常會有大風大雨，但是小草每次都堅強地挺過去了。

岩石高興地說：「孩子，不錯，你是堅強的，值得我們驕傲！」接著，她用自己風化了的塵泥，把小草的根擁抱得更緊。

後來，一個詩人來到這裡，看見了這棵從岩縫裡長出的小草，不禁欣喜地吟詠道：「呵！小草的生命多麼頑強，我要千百遍地讚美它！」

小草謙虛地說：「值得讚美的不是我，是春風、陽光和雨露，還有緊抱著我的根的岩石媽媽。我要感謝她們，是她們，給了我生命，哺育我成長。」

智慧沙：

一個人對自己應該有個客觀的評價，實事求是，不貶低自己，也不抬高自己，既能堅持正確的觀點，又能虛心向別人請教。

愛因斯坦在世的時候，就已經是一位聲譽顯赫的物理學家，深受人們的敬仰。但他並沒有被榮譽沖昏頭腦，始終保持著謙遜的品質。他對別人把他當成偶像感到無法理解，對報刊上的宣傳和讚揚十分厭煩，特別是那些記者、畫師、雕塑師來找他拍照、畫像、塑像，更使他難以忍受，他說他簡直成了這些行業的模特兒了。

愛因斯坦從不認為自己是一個超人。他認識到，自己所走的道路是前人走過的道路的延伸，科學的新時代是在前人基礎上開闢的，因此他總是抱著敬仰和感激的心情讚賞前人的貢獻。他知道，在科學的道路上有許許多多人在共同奮鬥，各人有各人的工作，各人有各人的貢獻，因此他對同行的工作非常尊重。就是對自己的下屬和學生，愛因斯坦也沒有任何傲慢的表現，凡是和他接觸過的人，無不為他的和藹可親和平等待人而感動。他還總結了這樣一個成功的公式：A＝X＋Y＋Z，其中A代表成功，X代表艱苦的勞動，Y代表正確的方法，Z代表少說空話。他也從不認為自己是什麼天才，認為自己只是一個真理的忠實而勤勉的追求者。

智慧沙：

謙虛就是虛心，不自滿，肯接受別人的批評。謙虛的人，就像水一樣，把自己的心態放得很低，別人只要有一點長處，馬上就可以看到並學到，漸漸地，他的能力、智慧便匯聚，人生的境界便提升。

做人需要寬容

一天，有一個身材高大魁梧的人走在庫法市場上。他的臉曬得非常黑，而且還遺留著戰場上的痕跡。有一個商人正坐在自己的店裡，他看到那個高大的人走來，便把垃圾扔向那個高大的過路人。商人是想逗他的夥伴們發笑，以顯示一下自己搞笑的本領。但那個過路人並沒有因此而發怒，繼續邁著穩健的步伐朝前走去。當那人走遠以後，旁邊的人對商人說：「你知道剛才你侮辱的人是誰嗎？」

「每天有成千上萬的人從這裡經過，我哪有心思去認識他呀？難道你認識這人？」

「你連這人都不認識！剛才走過去的就是著名的軍隊首領——馬力克・艾施圖爾・納哈爾。」

「是真的嗎？他是馬力克・艾施圖爾・納哈爾！就是那個不但讓敵人聽到他的聲音就四肢發抖，連獅子見到他都會膽戰心驚的馬力克嗎？」

「對，正是他。」

商人驚恐地說：「哎呀！我真該死，我竟做了這樣的傻事，他肯定會下令嚴厲地懲罰我，我趕緊去追他，向他求救，求他饒了我這一回。」

說完商人就朝著馬力克所去的方向追去。當馬力克拐進了清真寺時，這個商人便跟著進了清真寺。等馬力克禮拜完後，商人走到他跟前低著頭說道：「對不起，我是剛才對你不禮貌的那個人。」

馬力克對那名商人說：「原先我不是來清真寺的，但我看到你太無知，無緣無故地傷害過路人，為了你我才來這裡的，我為你而痛心。所以，我想祈求真主讓他引導你走正道，並沒有想要嚴懲你。」

智慧沙：

生命是短暫的，寬容卻是無盡的，富有寬容之心的人，必將得到應有的回報，受到別人的尊重。

春秋時，楚莊王有一次和群臣宴飲，當時是晚上，大殿裡點著燈，正當大家酒喝得酣暢之機，突然燈燭滅了。這時，莊王身邊的美姬「啊」地叫了一聲。莊王問：「怎麼回事啊？」美姬對莊王說：「大王，剛才有人非禮我。那人趁著燭滅時拉我的衣襟。我扯斷了他的帽子上的繫纓，現在還拿著，你趕快點燈，抓住這個斷纓的人。」莊王聽了，便說道：「是我賞賜大家喝酒，酒喝多了，有人難免會做些亂來的事，沒什麼大不了的。」於是，他命令左右的人說：「今天大家和我一起喝酒，如果不扯斷繫纓，說明他沒有盡興。」群臣一百多人馬上扯斷了繫纓而熱情高昂地飲酒，盡興而散。

過了三年，楚國與晉國打仗，有一位將軍常常衝在前面，英勇無敵。戰鬥勝利後，莊王感到好奇，忍不住問他：「我平時對你並沒有特別的恩惠，你打仗時為何這樣賣力呢？」他回答說：「我就是那天夜裡被美姬扯斷繫纓的人，是您寬容了我的魯莽，我非常感激您。」

寬容是自愛、自信的表現，拿得起，放得下，是一份從容，是力量的標誌。當然，能真正做到寬容，必是那些心地善良、富有愛心、胸懷豁達、志趣高遠，有良好修養的人。

智慧沙：

幫別人開啟一扇窗的同時，自己也會看到更寬闊的天空。如果我們都能從自己做起，寬容地看待他人，一定會收到意想不到的結果。

別讓執著變固執

兩個貧苦的樵夫靠上山撿柴糊口。有一天在山裡發現兩大包棉花，兩人喜出望外，棉花價格高過柴薪數倍，如果將這兩包棉花賣掉，足可供家人一個月衣食無慮。當下兩人各自背了一包棉花，急欲趕路回家。

走著走著，其中一名樵夫眼尖，看到山路上扔著一大捆布，走近細看，竟是上等的細麻布，足足有十多匹之多。他欣喜之餘，和同伴商量，要一同放下肩負的棉花，改背麻布回家。

他的同伴卻有不同的想法，認為自己背著棉花已走了一大段路，到了這裡丟下棉花，豈不枉費自己先前的辛苦，堅持不願換麻布。先前發現麻布的樵夫屢勸同伴不聽，只得自己竭盡所能地背起麻布，繼續前行。

又走了一段路後，背麻布的樵夫望見林中閃閃發光，待近前一看，地上竟然散落著數罈黃金，心想這下真的發財了，趕忙邀同伴放下肩頭的棉花，改用挑柴的扁擔挑黃金。

他同伴仍是不願丟下棉花，以免枉費辛苦，並且懷疑那些黃金不是真的，勸他不要白費力氣，免得到頭來一場空歡喜。

發現黃金的樵夫只好自己挑了兩罈黃金，和背棉花的夥伴趕路回家。走到山下時，無緣無故下了一場大雨，兩人在空曠處被淋了個濕透。更不幸的是，背棉花的樵夫肩上的大包棉花，吸飽了雨水，重得完全無法再背得動。那樵夫不得已，只能丟下一路辛苦捨不得放棄的棉花，空著手和挑金的同伴回家去。

智慧沙：

在沒有希望的路上堅持固執，只能是一個愚鈍的人。

從前有個人，性格很固執，又常常自以為是，愛跟別人唱反調。

那人在高而平的地方種水稻，卻在又低又潮濕的地方種高粱。他有個很忠誠的朋友，見他這樣做不會有什麼好處，就好言勸說：「高粱適合種在乾旱的地方，水稻宜於種在低濕的地方，可是你現在正好相反，違反了水稻和高粱生長的習性，那怎麼能獲得豐收呢？」那人聽了朋友的話，一點都沒放在心上，還是我行我素。結果他辛辛苦苦地種了十年地，每年都欠收，糧倉裡一點儲備也沒有。眼看就快沒飯吃了，這才去找他的朋友，發現朋友按他自己的方法種地，所以獲得了豐收，不由得懊悔萬分，就向朋友道歉說：「您說得對啊，我知道改悔了，以後一定聽您的勸告。」

有一天，那人要駕船出海，並邀請了他的朋友一起去海邊。他的朋友將他送上船，告誡他說：「等你到了海水歸聚之處，一定要返航回來，不然船一進去就再也出不來了。」那人表示自己記住了，會聽朋友的話。他駕著船隨著波濤向東駛去，航行了些日子，到了海水歸聚的深淵邊上。這時候，他又犯了那頑固的老毛病，不相信朋友的告誡，還是繼續前進，結果船捲入深深的大壑中。就這樣，那人在這黑暗的地方，忍受著顛簸和孤獨，非常艱難地過了九年。直到一次乘著大鯤化為大鵬時激起的巨浪，才總算被沖出了大壑，回到了家。

那人回到家裡，再次找到他的朋友，深深地拜了兩拜，還對天發誓說：「我如再不改悔，請太陽作證懲罰我。」他的朋友笑著說：「改悔是改悔了，但還有什麼用呢？」

智慧沙：

固執的人往往自以為是，聽不進別人的意見，只想讓別人接受自己的觀點。同時，會有一種盲目的自我崇拜心理，以為自己處處都比別人高明。

狂妄自大易樹敵

三國時，才子孔融有一個好友叫禰衡，他是一個很有才華的人。孔融把他推薦給曹操，曹操見到禰衡後卻不以為然，行完禮也不讓他坐下。

禰衡覺得受到了怠慢，便仰天嘆息：「天地雖闊，何無一人也！」

曹操說：「我手下有數十人，都是當世之英雄，你怎麼能說沒人呢？」

禰衡說：「你說的都是哪些人？說來我聽聽。」

曹操說：「荀彧、荀攸、郭嘉、程昱，機深智遠，雖蕭何、陳平不及也。張遼、許褚、李典、樂進，勇不可當，雖岑彭、馬武不及也。呂虔、滿寵為從事，于禁、徐晃為先鋒。夏侯惇天下奇才，曹子教世間福將。安得無人？」

禰衡笑道：「公此言差矣！這些人物，我都了解：荀彧成天陰沉著臉可以讓他去做弔喪問疾的事，荀攸可以讓他去看墳守墓，程昱可以叫他關門閉戶，郭嘉可以讓他做詩念賦，張遼可以讓他擊鼓鳴金，許褚可以叫他去牧牛放馬，樂進可以派他去取狀讀詔，李典可以讓他去傳書送檄，呂虔可以用來磨刀鑄劍，滿寵這個大胖子只好飲酒食糟，于禁可以讓他搞搞建築修修牆，徐晃就去當個屠夫殺殺豬狗，夏侯惇這個殘廢可稱為完體將軍，曹子教這個貪污的人可評為要錢太守。其餘都是衣架、酒桶、飯囊、肉袋罷了。」

彌衡一下把曹操手下的官員都罵了一遍，曹操大怒，問道：「那你又有什麼才能？」

彌衡說：「天文地理，無一不通；三教九流，無所不曉；上可以致君為堯、舜，下可以配德於孔、顏。豈與俗子共論乎！」

不僅曹操被他的狂妄惹得大怒，大將張遼在一旁也氣得要拿劍殺他。

曹操決定羞辱這個不知天高地厚的彌衡，就說：「我還少一個敲鼓的小吏，早晚朝賀宴享，就讓彌衡去做這個活兒吧。」

彌衡應聲而去。

張遼問：「這個人出言不遜，為什麼不殺了他？」曹操說：「他平時有些虛名，遠近所聞。如果我今天殺了他，天下人都會以為我不能包容。他自以為有能力，那就讓他當個擊鼓的小吏，羞辱他一下。」

第二天，曹操在廳上大宴賓客，命彌衡擊鼓。彌衡擊鼓為《漁陽三撾》，音節殊妙，淵淵有金石之聲。賓客們聽了，無不慷慨流涕。因為擊鼓時，按例是要穿新衣的，而彌衡卻穿了舊衣服，堂下人就命他換衣服。彌衡當著賓客們的面把衣服都脫光了，裸體而立，然後慢慢穿衣，神色不變。眾人都覺得尷尬，曹操怒天道：「廟堂之上，何太無禮？」

彌衡說：「欺君罔上才是無禮。我展露的是父母所給的形體，一具清白之身，怎麼能算是無禮呢？」曹操說：「你說你是清白之身，難道這裡有人是污濁的嗎？」彌衡說：「你不辨賢愚，是眼濁也；不讀詩書，是口濁也；不納忠言，是耳濁也；不通古今，是身濁也；不容諸侯，是腹濁也；常懷簒逆，是心濁也！吾乃天下名士，用為鼓吏，是猶陽貨輕仲尼，臧倉毀孟子耳！你既然想成就霸業，又怎麼能如此輕慢於我呢？」

曹操說：「好，既然你覺得自己有才能，我現在就派你出使荊州。如果你能說動劉表投降，我就讓你做公卿。」彌衡不肯去，曹操就叫兩個人押著他去，又叫手下的文武官員到東門外擺酒送行。

荀彧對大家說：「等彌衡來了，我們誰也不要起身。」等彌衡到了東門，見眾人或坐或臥，誰也沒有起身相迎，便放聲大哭，說：「你們這些人，看起來都像死屍一樣，在屍體墳塚之間我怎麼能不哭呢？」眾人都很氣憤，說：「我們要是死屍，你就是無頭的狂鬼。」彌衡說：「我是漢朝之臣，不作曹操的黨羽，又怎麼會無頭？」眾人氣得要把他殺了，荀彧制止說：「這種鼠雀一樣的人，何必髒了我們的刀呢。」彌衡說：「我雖然是鼠雀，可是還有人性；你們只配做蜾蟲罷了。」眾人氣憤地走了。

後來，彌衡見了劉表，又罵了劉表一遍。劉表便用了個借刀殺人之計，把他送到黃祖那裡，結果彌衡又罵了黃祖，黃祖一怒之下把他殺了。

智慧沙：

沒有多少人樂意信賴一個言過其實的人，更沒有多少人樂意幫助一個出言不遜的人。狂妄的人都會高估計自己，低估計別人。在現實生活中，無知者狂妄，當然令人鄙夷，即使是有一些本事的人，狂妄起來也毫無益處。

得理也讓人三分

當年，喬致庸的兄長喬致廣因為與邱天俊在包頭爭做高粱霸盤，誤入邱家設置的圈套，大量吃進高粱，結果銀根吃緊，陷入困境，面臨倒閉，喬致廣因此悲憤成疾，過早去世。對喬家來說，邱家是不共戴天的仇敵。

喬致庸執掌喬家生意後，在師爺孫茂才的協助下，略施小計，使邱家大上其當，形勢急轉直下，面臨破產。在這樣的情況下，是發洩私憤，報仇為快，還是得理讓人，共建商界秩序？考驗著喬致庸。但在孫茂才的勸導下，喬致庸沒有對邱家落井下石，窮追猛打，而是拋棄家仇大恨，主動與邱家和解，幫助邱家解困。

喬致庸此舉著實讓邱家感動不已。邱老東家發誓不僅不再與喬家為敵，而且要在喬家有難的時候鼎力相助。當喬致庸幫助左宗棠西征新疆的時候，邱家果然獻出巨資相援，履行了當初的諾言。

智慧沙：

「和氣生財」，在商業經營中，即使遇到客人的無理行為，也儘量不要把事情弄僵，最好是能給客人一個體面的台階，讓他自己走下去，這樣既不使自己遭受損失，也不至於得罪客人。

上海有一家高級飯店，經常有外賓慕名而來。有一天，一位外賓吃完最後一道菜後，順手將一雙精美的筷子悄悄地插進了自己的外套口袋裡。

這一幕被站在外賓身後的服務小姐看到了。於是，她回頭取來了一隻裝有一雙筷子的小盒子，雙手捧著，不動聲色地迎上前去，對這位外賓說：「我發現先生在用餐時，對我們的筷子非常喜歡。為了表達我們飯店的感激之情，經餐廳主管批准，我代表飯店將這雙圖案精美，並經過嚴格消毒後將筷子送給您，我們將按照飯店的優惠價格記在您帳上，您看可以嗎？」

這位外賓自然聽出了服務小姐的弦外之音，在對服務小姐如此周到的服務表示謝意之後，他趁機說自己多喝了兩杯，頭腦有點發暈，誤將筷子插入了自己的口袋。然後，外賓借此台階而下，說：「既然這種筷子沒有消毒就不好用，我就以舊換新吧！」說著，接過了服務小姐送上的小盒子，然後取出內衣口袋裡的筷子，放回了桌上。

智慧沙：

做人要有高姿態，別人如果傷害了你而理虧的時候，你得理也要讓三分，而不能窮追猛打，否則別人沒有了退路，勢必極力反撲，你自己也就沒有了餘地，結果可能會兩敗俱傷。

不要讓憤怒控制了你

有個年輕的農夫，每次碰到與人發生糾紛快要起衝突時，他便立刻衝出現場，回到自家田園旁，繞著田地房舍左跑三圈右跑三圈，跑得氣喘吁吁，然後一屁股坐在家門前靜坐沉思。次數多了大家都很好奇，詢問他這到底是怎麼一回事，他每次都笑而不答，眾人也理不出頭緒。由於他鮮少與人結怨，或者對人大發脾氣，因此人緣甚佳，樣樣事情都很順利，房子一間一間地增建，田地一直不斷擴充，不到幾年，早已是富甲一方的大亨。然而在每次遇到不愉快的場合，他仍像以前一樣轉身就走，跑回自己的家園左繞三圈右繞三圈。後來年紀一大把了，子孫們不忍見他如此疲累，紛紛勸阻並一再請求他說明個中原因。拗不過大家的苦苦哀求，農夫終於揭開數十年來的秘密。

秘密其實很簡單，農夫年輕時每次到想要發火的時候，不管誰是誰非，他總是跑回家，邊跑邊告訴自己：「我的房屋如此簡陋，田地這麼少，努力都還來不及，哪來閒工夫與人生氣爭吵？」等到有了點成就，農夫又這樣告訴自己：「我的事業都這麼大了，還為這麼一點小事與人爭鬥，度量也未免太小了吧！老天爺已對我這麼寬厚，我還計較什麼、氣憤什麼呢？」就這樣，一股似火山即將爆發的怒氣，就這麼被他的三圈跑步打消得無影無蹤。等到農夫老了的時候，他就這樣對自己說：「我現在是子孫滿堂，家庭和睦，富甲一方，應該是享福的時候了，我還要跟別人計較什麼呢？」

智慧沙：

憤怒就像是壓力鍋中的蒸氣，不發散出來就會不停地鬱積，直至爆炸。人們應該用理性的態度來面對憤怒，讓它發洩出來，或與對方討論，找出原因，不要用偏激的方法來處理它。

有個淘氣的小男孩名叫阿朵，今年八歲。他個性很強，對人對事都很暴躁，經常發脾氣，罵人，扔東西，家裡人常常教訓他，他有時也承認這樣做不好，但就是改不了。

後來，阿朵的父親想了一個辦法，他對兒子說：「孩子，你脾氣不好，常常罵人，是因為你心裡有氣，現在我給你一包釘子，一支錘子，你每發一次脾氣後，就在門口的圍欄上釘上一顆釘子，這樣就可以把脾氣發出去了。孩子接受了父親的意見，每發一次脾氣就釘上一顆釘子。」

有一天他發了八次脾氣，就釘了八顆釘子，第二天發了十次脾氣，加上與人吵架兩次，於是釘了十二顆釘子……如此一個月下來，他釘在圍欄上的釘子已經一百多顆。這時，孩子覺得釘這麼多釘子很累、很麻煩，就逐漸減少發脾氣的次數，釘釘子的數目也相應減少了，有時甚至每天只釘一顆，自己反而覺得舒服多了。最後他竟完全不發脾氣了，因而每天都不用釘釘子了。

孩子把這情況告訴了父親，父親表揚了他的進步，但又交給他一個任務：「你以後如果整天都不發脾氣，你就用鐵鉗拔掉一顆釘子。」孩子又照著去做，結果，經過一段頗長的時間，孩子把所有的釘子都拔掉了。他又高興地告訴父親，父親又表揚了他，說：「孩子，你能這樣做，我太高興了，但是，請你細心看看那圍欄上的木條，出現了多少傷痕，每顆釘子釘過的洞都留在那裡，永遠不能平復！這正如你過去發脾氣罵人一樣，你每罵一次別人，就好比在他的心上釘上一顆釘子，後來雖然把釘子拔掉了，但留在他心上的傷痕還存在啊！」孩子聽後完全覺悟了，對自己過去常常發脾氣罵人十分後悔，從此變成一個好孩子。

智慧沙：

憤怒會傷害人的感情，影響、破壞團結。發怒時說出過激的語言，做出無禮的舉動，會導致人與人之間的感情產生裂痕，破壞人際間親密融洽的關係。

把自卑踩在腳底下

羅忠福出生於經商世家，其祖父羅俊才曾是中國貴州最成功的商人，父親羅民生曾擔任遵義商會會長。不過，到羅忠福這一代時，已家道破落。因此，羅忠福少年時代成長在中國血統論、唯階級成分論的五六十年代，他深為自己出身於資本家的家庭而自卑。從中學時代起，就開始嘗受被歧視、被批判的屈辱。讀了半年大學，因為家庭結構問題而被當地卡住戶口，被迫痛苦地退學。

二十歲時，自卑的父親辭別了人世，一家人只能靠母親給人看孩子、洗衣服、挑煤維持生活。母親被迫做這種低賤的工作，使敏感的羅忠福深深感受到人生的恥辱。二十五歲時，他被分配到一家小工廠當契約工，「師傅」竟以成分不好取笑他：「會讀書有什麼用，還不是跟我這個不會讀書的人當學徒？」

命運的不公、屈辱和刻薄，使羅忠福深感難以擺脫的自卑。一次，他在長江邊徘徊，一待就是一天。他真想往長江中一跳，以死來解脫這折磨人的「自卑」與屈辱。

然而，正是這個自卑到不想活的年輕人，奮發尋找人生的新出路。當羅忠福從文革的牢獄裡出來時，已經是四十歲的人了。他從頭開始，學習經商，不畏失敗挫折，頑強奮鬥十多年，終於成為富豪——入選為《富比士》中國大陸五十大富豪排行榜，成為世界知名的中國民營企業家。

智慧沙：

這是一條從自卑到自信，從失敗到成功，從渺小到偉大的光輝燦爛之路。這條路人人都可以走，只要你相信自己並願意改變自己。世界上許多成功人物之所以做成大事，走的就是這條超越自卑的路。

格林尼亞出生在一個百萬富翁的家庭，從小過著奢華的生活，養成了遊手好閒、揮金如土、盛氣淩人的放蕩公子惡習。憑著自己英俊的外表，闊綽的身價，任意地玩弄女人，直到遭到一次打擊，他的人生才轉變了方向。

在一次午宴上，格林尼亞對一位從巴黎來的優雅美貌的女伯爵一見傾心，於是像見了其他豔麗女人一樣追上前去。這次，他遭到了冷言冷語：「請離我遠一些，我最討厭被花花公子擋住視線！」女伯爵的輕視與譏諷，第一次使他在眾人面前羞愧難當。此刻，他覺得自己是那樣渺小，那樣齷齪不堪，那樣被人厭煩，一種強烈的自卑感油然而生。這時，他的另一個自我被喚醒了。

格林尼亞含羞離開了家庭，隻身來到里昂，在那裡隱姓埋名，走上了求學之路。他進入里昂大學做了插班生，並且不再參加任何社交活動，整天在圖書館和實驗室裡苦讀。他的鑽研引起有機化學權威菲得普．巴爾教授的注意，開始給他指點。在名師的指引和自己不懈的努力下，終於發明了「格式試劑」，並且發表了兩百多篇學術論文，被瑞典皇家科學院授予一九一二年度諾貝爾獎。

智慧沙：

正視自卑，就是不讓這種感覺控制自己。與其自卑地悲觀喪氣，庸碌一生，不如將自卑踩在腳底，將弱點轉化為奮鬥的力量，拚搏一生，爭取成功。

不可有愛慕虛榮之心

山雞天生美麗，渾身都披著五顏六色的羽毛，在陽光的照耀下熠熠生輝、鮮豔奪目，叫人讚嘆不已。山雞總為這身華羽而自豪，非常憐惜自己的美麗。她在山間散步的時候，只要來到水邊，瞧見水中自己的影子，就會翩翩起舞，一邊跳舞，一邊欣賞水中倒映出的自己那絕世無雙的舞姿。

魏武帝曹操當政的時候，有人把一隻山雞獻給了曹操。曹操十分高興，召來了有名的樂工，為牠奏起動聽的曲子，希望山雞能夠跳起美麗的舞蹈。可是，樂工賣力地又吹又打，山雞卻一點都不買帳，充耳不聞，既不唱也不跳。

曹操見這般情景，便叫大臣們想辦法，讓山雞能夠隨音樂起舞。曹操的小兒子曹沖，自幼聰明伶俐，這時候，他動了動腦子，有了主意，於是就走上前對曹操說：「父王，兒臣聽說山雞一向為自己的羽毛感到驕傲，所以一見到水中有自己的倒影，就會跳起舞來欣賞自己的美麗。何不叫人搬一面大鏡子放在山雞面前，這樣山雞顧影自憐，就會自動跳起舞來了。」

曹操聽了拍手稱妙，馬上叫人將宮中最大的鏡子抬過來，放在山雞面前。

山雞慢悠悠地踱到鏡子跟前，一眼看到了自己無與倫比的麗影，比在水中看到的還要清晰得多。牠先是拍打著翅膀衝著鏡子裡的自己激動地鳴叫了半天，然後就扭動身體、舒展步伐，翩翩起舞了。

山雞迷人的舞姿讓曹操看得呆了，連連擊掌，讚嘆不已，也忘了叫人把鏡子抬走。可憐的山雞，就這樣對影自賞，不知疲倦，無休無止地在鏡子前拚命地又唱又跳。最後，終於耗盡了最後一點力氣，倒在地上死去了。

山雞的確美麗，但她的虛榮心也實在太強了，以至於受人愚弄。如果讓虛榮心、好勝心戰勝了理智，定會遭到慘敗。

智慧沙：

虛榮心嚴重作祟時，便會將名利作為支配自己行動的內在動力，總是依據他人對自己的評價而生存，而一旦遭到他人否定，便認為失去了自尊。人應該追求內心真實的美，正確評價自己。

讓自己更有韌性

一隻小螞蟻對碩大的天鵝說：「我們要建造一個比你的身體還大幾倍的窩」。天鵝不屑一顧地說：「你們真是白日做夢，你們也不看看，你們才那麼一丁點大，還想建個比我的身體還大幾倍的窩？我輕輕地掉根羽毛，就壓死你們一大片，你們就學人類那樣吹牛吧！」說完，天鵝懶洋洋地伸開自己漂亮的羽毛，慢條斯理地自我欣賞炫耀一番，然後，極其優美地扇動自己的翅膀飛走了。

天鵝飛走了之後，螞蟻便開始進行緊張的工作。它們的身子非常細小，它們每次從遠方所銜來的建築窩巢的材料也微乎其微。天鵝看到了，躲在一旁竊笑，並自言自語地說：「真是一群不自量力的小笨蛋。」

蟻巢快要搭建好了，天鵝坐不住了。天鵝想，不能讓小笨蛋們成功，否則，我豈不要被它們笑話死了。於是，天鵝首先請山蛇出動，去破壞螞蟻們的巢穴；其次再請蜂王出面，並發揮自己的善於挑撥離間的特長，說：「你們蜂族難道忍看小螞蟻們贏過你們的結巢技巧嗎？」最後又去遊說鳥兒：「那個即將建成的新巢穴裡有你們最喜歡的美食」。可是天鵝的詭計一次次地遭到了失敗，螞蟻們總是以頑強的毅力，戰勝了它們不知道也不願知道來自何方的不幸與災難，它們也不計較為了搭壘自己的新巢，遭遇了多少的磨難，它們只知道一心一意地、專心致志地、無怨無悔地去搭壘它們的新巢。最後，它們真的成功了。

智慧沙：

在成功的道路上，從來就沒有一帆風順的事情。只有懷著不達目的誓不甘休的決心，不斷地發揮自身的韌性，才是唯一的取勝之道。

在第二次世界大戰期間，德國一位火箭研究博士被俘虜之後，他在德國的家被破壞，親人被殺害。博士在一個條件嚴苛的煤礦做勞役，食物的供應只在最低限度，勞役卻繁重得驚人，其結果就是與其他一般德國俘虜一起被折磨致死。

在絕境中，博士揚起了不死的信念，他告誡自己：「不行，不能就這樣死去！我要到洛杉磯去，我一定要替自己找出一個辦法來。」他努力回想自己戰前在柏林認識的一位美國少女及他們一起到洛杉磯的情景，並在每天晚上一進房間就想像自己與少女在洛衫磯的維爾路上散步和兩人駕車的情景。他每天都在心裡默念著：「我一定要活著出去，去找那位少女，去洛杉磯。」——不死的信念支撐和激勵著他，並最終助他死裡逃生，逃出俘虜營後，他真的在洛杉磯街上與姑娘相遇，徹底改變了自己的命運——他靠的也依然是韌性。

智慧沙：

一個人韌性的提高意味著成長、健康和幸福，關係到個人的生存、生活和生命品質。成功雖是每一個人的夢想，但這個夢能否實現，還得看是否具有非凡的毅力與韌性。

做人不可太驕傲

有一個學者，精通各種知識，自認為無人可以和自己相比，很是驕傲。他聽說有個禪師才學淵博，非常厲害，很多人在他面前都稱讚那個禪師，學者很不服氣，打算找禪師一比高下。學者來到禪師所在的寺院，要求面見禪師，並對禪師說：「我是來求教的。」

禪師打量了學者片刻，將他請進自己的禪堂，然後親自為學者倒茶。學者眼看著茶杯已經滿了，但禪師還在不停地倒水，水溢了出來流得到處都是。

「禪師，茶杯已經滿了。」

「是啊，是滿了。」禪師放下茶壺說，「就是因為它滿了，所以才什麼都倒不進去。你的心就是這樣，它已經被驕傲、自滿占滿了，你向我求教怎麼能聽得進去呢？」

學者聞後，備感慚愧。

智慧沙：

面對一個驕橫傲慢的人，我們無須花時間與之理論，因為時間會證明一切，事實會證實他的價值，歷史會懲罰他的無知。

春天來了，田野裡的青草綠了，野花開了。蜜蜂「嗡嗡」唱著歡快的歌，蝴蝶在花叢中翩翩起舞。

高空上，一隻風箏俯視大地，廣闊的田野變成了一塊綠手帕，洶湧的大河成了鑲嵌在綠手帕邊上的絲帶。高山像一個個小土堆，巨大的樹木像一根根直愣愣的小草，矮小的房屋像放在綠手帕上的積木。風箏心想：有誰能夠在這麼高的地方，俯視過人間？

這時候，風箏看見了一隻小蜻蜓，它便對蜻蜓說：「你這個小東西，看看你自己，再看看我，我是多麼美，又是多麼大，而你是那麼醜，那麼小，還飛得那麼低，可真差勁。」還沒等蜻蜓開口，風箏就已經飛往高處了。

風箏又遇上了燕子，它就對燕子說：「喲，燕子小姐，今天怎麼了？生病了？怎麼飛得這麼低啊？還不如我呢！」燕子聽了並不生氣，謙虛地說：「飛這麼低有什麼不好，飛高了，如果待會兒下雨了可躲不了！」

「胡說八道，今天天氣這麼好，怎麼會下雨呢？」說完，風箏就不理不睬地飛走了。

風箏又碰上了一群小鳥。小鳥自由地在空中邊唱歌，邊飛翔。風箏見了，心裡不服，就過去對小鳥說：「快看我飛得多穩健啊！你飛得那麼低，還有臉唱歌，丟不丟臉啊？」

小鳥對她說：「我是飛得不夠穩健，因為我學習飛翔的時間還不夠長。」

半個小時後，天突然黑了，蜻蜓、燕子和小鳥都回家了，只有那只風箏還在那裡，過了一會兒，一陣傾盆大雨落了下來，把那只風箏淋成了「落湯雞」。

雨過天晴，太陽出來了，蜻蜓、燕子和小鳥再次飛上了天空，而那只驕傲的風箏卻在一堆草叢中凍得瑟瑟發抖。

智慧沙：

驕傲會使人落後，驕傲也會使榮譽受損。從近處說，驕傲會限制個人的發展；從遠處談，驕傲會導致一事無成，斷送自己的前程。要知道人外有人，太過驕傲只能自取其辱。

爭強好勝不可取

有一隻老虎最喜歡出風頭，動輒跟人比高低、爭勝負，企圖耍弄別人，讓別人出醜和難堪，以顯示自己的聰明和能耐。然而其結果呢？往往是自己被別人耍弄了，甚至還因為爭強好勝丟了性命。

這天，老虎來到小鳥跟前，看見小鳥正在自由地盡情歌舞。老虎斜著眼睛說：「你這個醜東西，跳什麼！唱什麼！敢和我比賽嗎？」

「比就比！」小鳥說，「我們比在藤上跳舞吧！」

「那有什麼了不起！」老虎說。小鳥利用它靈活而小巧的身體，在藤上跳起舞來了。

小鳥跳完了，老虎爬到樹上，縱身向藤上跳去，結果摔了個四腳朝天。

老虎離開森林到田間，看見一隻鼹鼠睡在田埂上曬太陽。

「哎喲，怎麼連腳都沒有？」老虎嘲笑鼹鼠說。

「你別欺人太甚！」鼹鼠說，「我們比賽在人群中間跑過去如何？」老虎答應了。

鼹鼠從人群中間跑過去，很快地從人們腳下溜掉了。可老虎卻挨了一頓打。

被打得垂頭喪氣的老虎，非常狼狽地來到爛泥塘邊，躺下喘息。

當牠看到泥塘裡的螺螄時，忘了前兩次的教訓，隨口便說：「哎喲！世上比你醜的再找不出第二個來了。」

螺螄說：「虎大哥，請你過來和我比過泥塘吧！」老虎想，我只要兩下就跳過去了。它等螺螄前進。

螺螄穩穩地移動著。老虎好勝心切，起身跳去，結果掉在泥塘裡，越陷越深，最後看不見老虎的影子了。

智慧沙：

中國的大智者老子說：夫唯不爭，故天下莫能與之爭。這句話的意思是，正因為不與人爭，所以遍天下沒人能與他相爭。然而，人們在名利權位面前，常常忘乎所以，一個個爭得你死我活，大都落得遍體鱗傷、兩手空空。

一位顧客到餐廳用茶。當他把檸檬與牛奶同時放入紅茶中時，發現牛奶結塊了。於是，他衝著服務小姐大聲喊道：「小姐！你過來！你過來！看看！你們的牛奶是壞的，把我一杯紅茶都糟蹋了！」

「真對不起！」服務小姐充滿歉疚地笑道，「我立刻給您換一杯。」

新紅茶很快就端上來了，茶碟旁跟前一杯一樣，放著新鮮的檸檬和牛奶。小姐輕聲地告訴顧客說：「我是不是能建議您，如果放檸檬，就不要加牛奶，因為有時候檸檬酸會造成牛奶結塊。」這位顧客的臉一下子紅了，他匆匆地喝完茶就離開了。

旁邊的人見此便笑問服務小姐：「明明是他的錯，你為什麼不直說呢？他那麼粗魯地叫你，你為什麼不還以一點顏色呢？」

「正因為他粗魯，所以要用婉轉的方式對待；正因為道理一說就明白，所以用不著大聲。」服務員說，「理不直的人，常用氣壯來壓人。理直的人，要用氣『和』來交朋友。」

智慧沙：

遇事可以不必太過於認真。在大是大非問題上知道什麼是該做的，什麼是不該做的，符合生活的尺度和準則就可以了。那些雞毛蒜皮的小事，大可不必計較太多。忍一忍，裝一裝糊塗，反而會避免許多麻煩。

忍一時能免百日憂

藺相如最初是宦官繆賢的門客，趙惠文王從繆賢那裡得到和氏璧之事，被秦昭王得到了消息。於是秦王就派使者去趙國，說秦國願意用十五城換和氏璧。趙王明知秦王不會給趙國十五城，當然不想將和氏璧送給秦王，可是秦國勢力強大，又不敢違抗秦王之命。於是繆賢向趙王推薦了藺相如，讓藺相如帶著和氏璧出使秦國。

藺相如到了秦國之後，秦王果然不兌現諾言，於是藺相如告訴秦王：「大王，這塊璧有些缺點，請讓臣指給您看。」秦王不明實情，將和氏璧交給了藺相如。藺相如拿好和氏璧，後退幾步，靠近王宮的大柱子，怒氣衝衝地說：「大王只想得到和氏璧，根本不想給趙國十五城。和氏璧乃天下至寶，而大王卻將它給後宮女人玩，如此沒有誠意。現在和氏璧在我手中，大王如果強逼，我的頭就和璧一塊撞碎在柱子上。」

秦王愛玉，立即阻止了藺相如，還拿出地圖，指出劃給趙國的十五城。藺相如見狀，又和秦王約定齋戒五天之後，舉行隆重儀式交換和氏璧。秦王只好答應了藺相如。

藺相如回到住處，當晚就讓手下人偷偷將和氏璧帶回了趙國。

五天後，秦王舉行儀式，想借此機會炫耀一下秦國勢力。藺相如空著雙手來到秦王宮中。秦王大怒，藺相如不慌不忙地說：「秦強趙弱，如果大王真的給趙國十五城，趙國不會將和氏璧留著不給大王的。」

秦王沒有辦法，只好將藺相如放了。就這樣，秦國沒有給趙國十五城，趙國也沒有將和氏璧給秦國。

秦王沒有占到便宜，心裡不痛快。於是，西元前二七九年，秦王又耍了個花招，請趙惠文王到澠池去會見。趙惠文王開始怕被秦國扣留，不敢去。大將廉頗和藺相如都認為如果不去，反倒向秦國示弱。趙惠文王決定硬著頭皮去冒一趟險，就讓藺相如隨同一塊兒去，讓廉頗留在本國輔助太子留守。為了防備意外，趙惠文王又派大將李牧帶兵五千人護送，相國平原君帶兵幾萬人在邊境接應。

到了預定的日期，秦王和趙王在澠池相會，雙方酒至半酣，秦王說：「聽說趙王彈得一手好瑟。請趙王彈個曲兒，以助酒興。」說罷，真的吩咐左右把瑟拿上來。

趙王不好推辭，只好勉強彈了一首曲子。這時，秦國的史官把這事記了下來，並且念道：「某年某月某日，秦王和趙王在澠池相會，秦王令趙王彈瑟。」

趙王受到侮辱，氣得臉色發紫。這時候，藺相如拿了一個瓦盆，突然跪到秦王跟前，說：「趙王聽說秦王也會演奏秦國的樂器。我這裡有個瓦盆，也請大王賞臉敲幾下助興吧。」

秦王勃然變色，不理藺相如。藺相如說：「大王未免太欺負人了。秦國的兵力雖然強大，可是在這五步之內，我可以和大王同歸於盡！」

秦王被逼無奈，只好拿起筷子在瓦盆上胡亂敲了幾下。藺相如回過頭來叫趙國的史官也把這件事記下來，說：「某年某月某日，趙王和秦王在澠池相會。趙王令秦王敲擊瓦盆。」

秦國的大臣見藺相如竟敢這樣傷秦王的體面，很不服氣。有人站起來說：「請趙王割讓十五座城給秦王上壽。」藺相如也毫不示弱地說：「請秦王把咸陽城割讓給趙國，為趙王上壽。」

秦王眼看局面十分緊張，而且事先已探知趙國派大軍駐紮在臨近地方，真的動起武來，恐怕自己也占不到什麼便宜，就喝住秦國大臣，說：「今天是兩國君王歡會的日子，諸位不必多說。」

這樣，兩國澠池之會總算圓滿而散。

藺相如兩次出使，保全趙國不受屈辱，立了大功。趙惠文王十分信任藺相如，拜他為上卿，地位在大將廉頗之上。

廉頗很不服氣，私下對自己的門客說：「我是趙國大將軍，出生入死，立了多少汗馬功勞。藺相如不過耍耍嘴皮子，有什麼了不起的？現在他竟然爬到我頭上來了。哼！我見到藺相如，總要給他點兒顏色看看。」

廉頗的話傳到了藺相如耳朵裡，藺相如就裝病不去上朝。

一天，藺相如帶著門客坐車出門，真是冤家路窄，老遠就瞧見廉頗的車馬迎面而來。藺相如立即叫車夫把車退到小巷裡去躲一躲，好讓廉頗的車馬先過去。

這件事可把藺相如手下的門客氣壞了，他們責怪藺相如不該這樣膽小怕事。藺相如對他們說：「你們看廉將軍跟秦王比，哪一個勢力大？」門客說：「當然是秦王勢力大。」藺相如說：「對呀！天下的諸侯都怕秦王。為了保衛趙國，我就敢當面責備他。怎麼我見了廉將軍反倒怕了呢？因為我想過，強大的秦國不敢來侵犯趙國，就因為有我和廉將軍兩人在。要是我們兩人不和，秦國知道了，就會趁機來侵犯趙國。就為了這個，我就得忍讓點兒。」

有人把這件事傳給廉頗聽，廉頗感到十分慚愧。於是，廉頗赤裸上身，背著荊條，來到藺相如府上請罪。見到藺相如後，廉頗說：「我是個粗人，見識少，氣量窄，不知道您竟然這麼寬宏大量，這麼忍讓我，我實在沒臉來見您。請您責打我吧。」

藺相如連忙扶起廉頗，說：「咱們兩個人都是趙國的大臣。將軍能體諒我，我已經萬分感激了，您怎麼還來給我賠禮呢。」

兩個人都激動得熱淚盈眶，從這以後，兩人成了知心朋友。

智慧沙：

所謂「小不忍，則亂大謀。」忍，是人生最大的修養，一個人只要能夠凡事忍耐，不逞一時之氣，必能建功立業。忍的力量是最大的。

第四卷 交友有術

俗話說，多個朋友多條路，多個冤家多道牆。世上有很多路，但朋友之路是萬萬不可斷絕的。因為，人是感情動物，需進行感情上的交流，以獲得幫助和友誼。在邁向成功的道路上，要想堅持到底，僅僅依靠信念的支持是不夠的，還必須有友誼的滋潤。良好的人際關係會使你獲得一種強大的力量和熱情，在成功的道路上得到分享，在挫折的時候得到傾訴和鼓勵。

幫人最終幫自己

查理斯是紐約一家大銀行的秘書，奉命寫一篇有關欲吞併另一家小銀行的可行性報告，他急需幫助。但事關機密，只有一個人可以幫助他，擁有他非常需要的那些資料——那人曾在那家小銀行效力了十幾年，不久前他們變成了同事。於是查理斯找到了這位同事，請他幫忙。當他走進這位叫做威廉・華特爾的同事的辦公室時，華特爾先生正在接電話。電話裡他很為難地說：「親愛的，這些天實在沒什麼好郵票帶給你了。」，「我在為我那十二歲的兒子搜集郵票。」華特爾繼續解釋道。

查理斯說明了他的來意。開始提出問題。但也許是華特爾對他過去的組織感情頗深，很不願意合作。因此說話含糊、模棱兩可。他不想把心裡的話說出來，無論查理斯怎麼好言相勸都沒有效果。這次見面的時間很短，沒有達到實際目的。

起初查理斯很是著急，不知該怎麼辦才好。情急之中突然想起華特爾為他兒子搜集郵票的事情，隨即想起他的一個朋友在航空公司工作，一度喜歡搜集世界各地的郵票。

第二天一早，查理斯帶了一些以一頓法式大餐為代價換來的精美郵票，坐到了華特爾的辦公桌前。華特爾滿臉帶著笑意，客氣得很。「我的喬治將會喜歡這些，」他不停地說，一面撫弄著那些郵票，「瞧這張，這是一張無價之寶。」

於是他們花了一個小時談論郵票，瞧瞧他兒子的照片，然後他又花了一個多小時，把查理斯所想要知道的資料都說了出來——查理斯甚至都沒有提議他那麼做，他把他所知道的，全都說了出來。而且還當即打電話給他以前的一些同事，把一些事實、數字、報告和信件中的相關內容，全部告訴了查理斯。

智慧沙：

人與人之間的幫助應該是互相的，只想得到不想付出的事情是不太可能的。想得到他人的幫助，你首先要學會幫助他人，為自己積累良好的人脈關係和口碑。

有一次，溫州商人王月香和她的丈夫一起搭乘陝西地質學院的旅遊車由西安回浙江。路途中，鄰座的一位地質學院的教授不慎丟失了錢包，萬分焦急。身無分文，怎麼才能回家呢？正在教授左右為難的時候，王月香慷慨解囊，她掏出幾千元塞到教授的手中，說：「出門也挺難的。這點錢夠用了吧？」

教授十分感動，他當即掏出本子，詢問王月香的姓名和地址，表示一定會寄還這些錢。

王月香笑笑說：「我們既然要給你，就不指望你還的。這也是緣分，就算我們交個朋友吧。」

教授無法推辭，就遞上了自己的名片，說：「你們在外經商，也不容易，錢，我一定要還的。如今像你們這樣的人太少了。」

原來這位教授姓屈，是一位地質專家，多年參與西北地層石油蘊藏的勘探與研究。就是這位屈教授，給王月香日後到西部打油井提供了有益的資訊。

智慧沙：

那些慷慨付出、不求回報的人，往往容易獲得別人的支持與幫助，也最容易獲得成功；而那些自私吝嗇、斤斤計較的人，雖然胸懷大志，不僅得不到別人的幫助，甚至往往成為孤家寡人。

誠懇打動人心

某一坐落在美國曼哈頓區的酒店，頗具名氣，最富有傳奇色彩的是這家酒店的來歷。這家酒店的首任經理叫喬治．波特，曾經是一家旅館最普通的服務生。

在一個風雨交加的夜晚，一對年老的夫婦來旅館要求訂房。但是喬治所在的旅館因為有會議，所有的房間都被人包下了，附近的旅館也沒有房間了。看出老夫婦的為難，喬治誠懇地說：「先生，夫人，在今天這樣的夜晚，我實在無法想像你們離開這裡後又將投宿無門將是怎樣的境地，如果你們不嫌棄，請到我的休息室休息一晚吧，房間雖然不豪華，但很乾淨。」老夫婦很感激並有禮貌地接受了喬治的好意。第二天，這對老夫婦要離開的時候打算付錢給喬治，但被他婉拒了。「我的房間其實是免費提供給你們的，再說我昨夜值班已經賺到了額外的鐘點費。」老先生感慨地說：「我想有你這樣的老闆，是所有員工夢寐以求的，或許我會為你蓋一座旅館的。」

當時喬治以為老先生只是說笑，所以在謝過老先生後，也沒把事情往心裡去。幾年後，還在旅館當服務生的喬治收到了當年那位老先生的信，邀請他去曼哈頓，還附上了機票。喬治按照地址來到位於曼哈頓最熱鬧的第五大道，在一棟豪華的建築裡，他見到了當年那個接受他幫助的老先生。

面對喬治的驚訝，老先生自我介紹：「我叫威廉・渥道夫・愛斯特，你現在看到的這家酒店就是當年我所承諾要送給你的，我相信你能把它經營得很好。」喬治果然沒有辜負老先生的厚望，把這家酒店經營得很出色，成為全美著名的酒店之一。

智慧沙：

只有抱著誠懇的態度，才能在與人交往中得到相應的回報或幫助，才有可能在人際關係中樹立良好的形象。

一架飛機起飛前，一位女乘客請空姐給她一杯水，她需要吃藥。空姐很有禮貌地回答：「小姐，飛機剛剛起飛，還在顛簸。為了您的安全，請稍等片刻，等飛機進入平穩飛行後，我會立刻把水給您送過來，好嗎？」

飛機進入了平穩飛行狀態很久後，那位空姐才猛然想到：糟了，由於太忙，她忘記給那位乘客倒水了！就在此時，有人按響了服務鈴。當空姐來到客艙，看見按響服務鈴的果然是剛才那位女乘客，知道自己錯了，她小心翼翼地把水送到那位乘客跟前，面帶微笑地說：「小姐，實在對不起，是我的疏忽，延誤了您吃藥的時間。」但是這位女乘客似乎並不領情，她指著手錶怒氣衝衝地說道：「醫生要求我中午一定要吃藥，但是現在已經三點了，你讓我怎麼吃這藥？」空姐手裡端著水，心裡有些委屈，但是她的臉上依然帶著歉意的微笑，不停地解釋著。可是無論她怎麼說，這位挑剔的女乘客都不肯原諒她的疏忽。

接下來的飛行途中，為了補償自己的過失，每次去客艙給乘客服務時，空姐都會特意走到那位女乘客面前，微笑地詢問她是否需要水，或者別的什麼幫助。然而，那位女乘客明顯餘怒未消，並不理會空姐。

臨到目的地前，那位乘客要求空姐把意見本給她送過去，空姐知道她要投訴自己。此時空姐心裡雖然依然委屈，但是仍然不失職業道德，顯得非常有禮貌，面帶微笑地說：「小姐，請允許我再次向您表示真誠的歉意，無論你提出什麼批評意見，我都將欣然接受！」那位女乘客沒有開口，接過留言本，在本子上寫了幾行字。等到飛機安全降落，所有的乘客陸續離開後，空姐打開意見本，卻驚奇地發現，那位女乘客在本子上寫下的並不是投訴信，而是一封熱情洋溢的讚揚信。

智慧沙：

誠懇的態度在人際交往中相當重要。面對這樣的態度，即使是要求再苛刻的人，都會被打動。

把握好生命中的「貴人」

戰國末期，有個商人叫呂不韋，經常來往於各國之間做生意。一天，他在趙國碰見了秦國太子——安國君的兒子異人，經過幾次交往，兩人成了好朋友。安國君有二十幾個兒子，他也不知道到底哪一個兒子比較好，所以一直沒有立太子。

有一天，呂不韋去找異人，問他想不想回秦國，異人說：「我做夢都想回去，可一來我沒法回去，二來回去了又能幹什麼？」呂不韋說：「我會想辦法讓你回秦國，而且還要讓安國君立你為太子。」異人聽了，十分感動，就說：「如果真能這樣，我當秦國國君後就讓你當丞相。」

此後，呂不韋先用重金賄賂安國君的妻子華陽夫人的姐姐，進而見到了華陽夫人。呂不韋又送給華陽夫人許多珠寶，然後對她說：「異人在趙國特別想念你們，他聰明好學，而且朋友遍佈天下，大家都說他是個孝子。」華陽夫人聽了很感動，就慫恿安國君把異人立為太子。

經過呂不韋的努力，最後異人真的登上了皇位，即秦莊襄王，莊襄王任命呂不韋為丞相，封文信侯。三年後，秦莊襄王死了，呂不韋就扶持太子嬴政即位，這就是歷史上有名的秦始皇。當時嬴政只有十三歲，一切國事都由呂不韋把持，稱他為尚父。這時呂不韋的權勢達到了頂峰。

智慧沙：

平時積累下的人脈，也會因「貴人」的出現而彰顯出它的重要性。因為世界上有些事情不是靠個人打拚就能達到或完成的，借助貴人的力量必不可少。

小張是中文系畢業的才子，性格熱情大方，文筆非常好。畢業後找到一家報社工作，工作之餘，他發揮自己的嗜好，時常在其他雜誌報刊上發表詩歌散文，為報社爭得了不少的榮譽。

一晃工作三年了，報社要給工作剛滿三年的年輕人評定職稱，結果小張和另外兩個年輕人入選。小張生性淡泊，他一尋思，另外兩個人的父母不是市裡的高官，就是有背景的富商，心中斷定自己沒多少希望，也就沒把評定職稱這回事放在心中，仍像往常一樣寫自己的詩歌，發表自己的文章。

而另外兩個年輕人多方交流，上下疏通，著實費了不少力氣。過了兩個月，評選活動結束，果然另外兩個年輕人獲得了高度的肯定，被送到社長那裡做最後的評定。小張一看，心中雖不在意，可是倒也感嘆世道的不公正。

一個星期以後，社長作了最後的評定，結果大大出乎人們的意料，小張獲得了社長充分的肯定，獲得了職稱的晉升。

原來，社長在其他媒體上時常看到小張的作品。透過作品，看得出小張是一個工作積極、為人熱心、能力突出的有為青年，於是便把職稱晉升的機會給了小張。

智慧沙：

打造自己的人脈，是一個人取得成功的關鍵。一個人要想有所成就，必須借助貴人的幫助，所以在打造自己的人脈的時候，一定要留心可能成為自己「貴人」的那個人。

善待他人就是善待自己

吳起愛兵如子，深得士兵們的愛戴。

有一次，一個剛剛入伍的小兵在戰爭中負了傷，因戰場上缺醫少藥，等到打完仗回到後方時，那位小兵的傷口已經化膿生疽。吳起在巡營的時候發現了，他二話沒說，立刻蹲下來，用嘴為那位士兵吸吮傷口、消炎療傷。那位小士兵見大將軍竟然如此對待自己，感動得熱淚盈眶，說不出一句話。其他士兵們看了，也深受感動。那位士兵的母親聽說了這件事後，大哭起來。大家都以為她是感動而泣，可她卻說：「我是在為我兒子的命運擔心呀！你們有所不知，當年，吳將軍也曾為我兒的父親吸吮過傷口，結果他感念吳大將軍的恩情，捨生忘死英勇殺敵，最後戰死在沙場上了。」

智慧沙：

能設身處地為他人著想，了解別人心裡在想些什麼的人，永遠不用擔心未來。任何一種真誠而博大的愛，都會在現實中得到應有的回報。

一個窮苦的小男孩，身著單薄的衣衫被凍得瑟瑟發抖，他為了賺學費不得不每天這樣上街推銷商品。一天傍晚。勞累了一整天的他此時感到十分飢餓，但摸遍全身，身上卻只有一角錢，怎麼辦呢？他決定向下一戶人家討口飯吃。當一位美麗的女孩打開房門的時候，這個小男孩卻有點不知所措了，他沒有要飯，只乞求給他一口水喝。這位女孩看到他很飢餓的樣子，就拿了一大杯牛奶給他。之後，小男孩問這需要多少錢，小女孩則回答說，媽媽教育我要對人施以愛，你不必付一分錢。小男孩十分感激地說：「請接受我由衷的祝福吧！」說完男孩離開了這戶人家。此時，他不僅感到自己渾身是勁，也感到自己將有美好的未來。他放棄了退學的念頭，要把書繼續念下去，一定要取得好成績。

轉瞬間數年過去了，有一位美麗的女孩得了重病，她被轉到大城市由專家們會診治療。

當年的那個小男孩如今已是大名鼎鼎的霍華德・凱利醫生了，他也參與了醫治方案的制定。當他從病歷上看到那女孩的來歷，若有所感，就又轉身去了病房，凱利醫生一眼就認出床上躺著的病人就是那位曾幫助過他的恩人。他回到自己的辦公室，決心一定要竭盡所能來治好恩人的病。後來，經過他嚴格而精心的治療，這個女孩竟然奇蹟般地康復了。

凱利醫生要求把醫藥費通知單送到他那裡，在通知單的旁邊，他簽了字。當醫藥費通知單送到這位特殊的病人手中時，她不敢看，因為她確信，治病的費用將會花去她的全部家當。最後，她還是鼓起勇氣，翻開了醫藥費通知單，旁邊的那行小字引起了她的注意，她還輕聲讀了出來：「醫藥費——一杯滿滿的牛奶。霍華德・凱利醫生」。

病人叫起來：「原來是他——數年前的小男孩。」

智慧沙：

善待他人，就是善待自己，這會使別人和你更加幸福美滿。古人云：勿以惡小而為之，勿以善小而不為。雖然這世間有太多煩惱，但只要你擁有一顆平常心，善待他人，你就會獲得快樂。

要學會尊重他人

話說這一天，狐狸突然好心地送了一張邀請卡給鶴。

「晚上請來舍下用餐。」狐狸笑著對鶴說。

哇！真是罕見！吝嗇的狐狸也會請客，那麼，他會給我準備什麼酒菜呢？鶴在心裡這樣想著。

雖然很疑惑，但是鶴還是很高興地前去狐狸的家參加宴會。

「呀！鶴先生，歡迎，歡迎！請不用客氣！」狐狸微笑著說道。

狐狸把鶴請到了餐桌前，然後來到廚房，端出了一個大平盤。原來，狡猾的狐狸取出的酒菜只是裝在大平盤裡的湯而已。

「哦，我最喜歡喝湯啦！謝謝你呀！狐狸先生。」鶴非常高興地說。

鶴很想喝湯，可是，因為長著一個長嘴巴，所以費了好大的勁，也只能聞到味道而已。盤內的湯，卻一滴也喝不到。

結果，狐狸卻「嘰哩咕嚕」地一下子就把湯喝完了，而且「嗤嗤」地笑著，覺得很有趣。

鶴終於知道了狐狸的「好心」，明白狐狸是在捉弄牠，於是牠氣憤地回到了家中。

可是不久後，鶴忽然也給狐狸送來了一張邀請卡。狐狸是個貪吃鬼，一聽說有好吃的，就開始流口水了。

「是什麼樣的食物呢？」狐狸暗暗地想著，甚至連不久以前捉弄鶴的事，也忘得一乾二淨，高高興興地到了鶴的家。

鶴拿出的東西是什麼呢？原來也是湯，不過是裝在細的水瓶裡。

可想而知，狐狸也無法喝到細瓶裡面的湯了。而鶴則將長嘴巴輕輕鬆鬆地伸進瓶底，津津有味地喝著呢！

智慧沙：

你笑時，鏡子裡的人也笑；你皺眉時，鏡子裡的人也皺眉；你對著鏡子大喊大叫時，鏡子裡的人也對你大喊大叫。所以，我們要獲取他人的好感和尊重，首先必須尊重他人。

沃恩每年都會受邀參加某單位的雜誌評審工作，這個工作雖然報酬不多，但確實是一項榮譽，很多人想參加卻找不到門路，也有人只參加了一兩次，就再也沒有機會了！沃恩年年有此「殊榮」，讓大家都羨慕不已。

他在年屆退休時，有人問他其中的奧秘，他微笑著向人們揭開謎底。他說，他的專業眼光並不是關鍵，他的職位也不是重點，他之所以能年年被邀請，是因為他很會給別人「面子」。

沃恩說，他在公開的評審會議上一定會把握一個原則：多稱讚、鼓勵，而少批評。但會議結束之後，他會找來雜誌的編輯人員，私底下告訴他們編輯上的缺點。因此，雜誌雖然有先後名次，但每個人都保住了面子。也正是因為他顧慮到別人的面子，因此承辦該項業務的人員和雜誌的編輯都很尊敬他、喜歡他，當然也就每年找他當評審了！

智慧沙：

尊重是雙向的，你能給人尊重，別人也報以欣賞；你若予人輕視，別人定還以鄙薄。記住！尊重可以消除隔閡，拉近友誼，又可以顯示修養，贏來信任，換得朋友。

對他人常懷感恩之心

感恩節是美國一個不折不扣的最地道的國定假日。在這一天，具有各種信仰和各種背景的美國人，共同為他們一年來所受到的上蒼的恩典表示感謝，虔誠地祈求上帝繼續賜福。在西方的感恩節那一天，要吃火雞、南瓜餡餅和紅莓果醬。那一天，無論天南地北，再遠的孩子，也要趕回家。

一六二〇年，一些飽受宗教迫害的清教徒，乘坐「五月花」號船去北美新大陸尋求宗教自由。他們在海上顛簸折騰了兩個月之後，終於在酷寒的十一月裡，在現在的麻州的普利斯敦登陸。

在第一個冬天，半數以上的移民都死於飢餓和傳染病。活下來的人們生活十分艱難，他們在第一個春季開始播種。為了生存，整個夏天他們都祈禱上帝保佑並熱切地盼望著豐收的到來，因為他們深知秋天的收穫決定了他們的生死存亡。

後來，莊稼終於獲得了豐收。大家非常感激上帝的恩典，決定要選一個日子來永遠紀念。這就是美國感恩節的由來。

智慧沙：

我們來到這個世上，父母賜予我們生命，朋友贈給我們友情；老師為我們啟蒙；醫生替我們解除疾患；太陽供給我們光和熱；空氣送給我們呼吸的營養；花草供我們賞悅，樹木讓我們乘涼……這些，都需要用一顆感恩的心去面對。

一隻鸚鵡來到了一座山林，打算暫時在這裡安身。一隻小松鼠看到了他，馬上把這個好消息告訴給所有的動物，動物們為鸚鵡舉行了盛大的歡迎儀式，鳥兒們唱起動聽的歌，小兔們翩翩起舞，小猴們為鸚鵡採來了好多好多美味的漿果。面對這一切，鸚鵡十分感動。

雖然鸚鵡生活得很快樂，但是時間一長，鸚鵡不禁思念起自己的家鄉來。於是牠向大家告別說：「這麼多天來，大家對我的照顧，使我非常感激，但我必須回家去了，希望你們多多保重。」動物們依依不捨地把鸚鵡送了一程又一程。

在鸚鵡回家後不久，不幸的事情發生了。這座山林忽然起了大火，這場火燒得很厲害，烈焰滾滾，映紅了半邊天。山林中的動物們無處逃竄，死傷無數。

鸚鵡不辭勞苦地日夜趕路，趕到了著火的山林邊。牠一次次地飛到附近的河邊，將羽毛在水中蘸濕，然後把水灑向山林。也不知這樣來來回回飛了多少趟，鸚鵡累得頭昏眼花，幾次險些被熱浪吞沒，身上的羽毛也被燒焦了，但是火勢一點也沒有減弱，反而越燒越旺。但鸚鵡毫不氣餒，還是不斷地灑著水。

天上的天神看見了，就對鸚鵡說：「你也太自不量力了，憑你用羽毛灑的那一點水，是根本撲滅不了山火的，你這是何必呢，搞不好還會把自己的性命都賠進去！」鸚鵡回答說：「我知道也許幫不了什麼忙，可是我曾經寄住在那裡，那裡所有的動物都非常善良，對我非常好。無論如何，我一定要為牠們竭盡全力，絕不能眼睜睜地看著牠們活活被燒死！」

天神聽了這番話，很受感動，立即撲滅了山林大火，鸚鵡的朋友們終於得救了。

連動物都懂得感恩，那麼我們人類呢？在生活和工作中，我們一定會遇到很多讓我們感動的事，所以我們應該學會感謝，感謝你周圍的人和事，感謝讓你能施展才華的工作，感謝領導、同事、朋友們的了解、支持和幫助。

智慧沙：

懷著一顆感恩的心去面對生活，抱怨會變成相互的理解，牢騷會變成工作的動力，不滿會變成中肯的建議，指責會變成善意的規勸。

放下「身段」好做人

小田曾在一家公司工作，後來那家公司倒閉了，他就失業了，只好重新去找工作。可是，找了半年，他依然在家裡待業，苦悶極了。

父親問他：「這半年裡，難道就沒有一家公司願意錄用你？」

小田說：「有，可是薪水太低了，月薪大多只有兩萬多元。」

父親說：「兩萬多就兩萬多吧，先做起來再說。」

小田說：「那怎麼行？我在原來的那家公司月薪是三萬多元，我一定要找一份月薪三萬多元的工作。」

父親沒有說什麼。

過了一會兒，父親又對小田說：「跟我去賣一天菜吧。」

小田和父親賣的是花菜。在市場上一擺開，就有一個中年婦女來問：「這花菜怎麼賣？」

父親說：「二十塊錢一斤。」

中年婦女說：「人家的花菜最多十五塊一斤，你怎麼要二十塊一斤？」

父親說：「我的花菜是全市場裡最好的。」

中年婦女撇撇嘴，連價都不殺就走了。

他們的花菜確實是全市場最好的，賣二十塊錢一斤合情合理。可是一連幾個人來問過價後，都不買。小田有點兒著急了，就對父親說：「要不，咱們也賣十五塊錢一斤吧？」

父親說：「急什麼？我們的花菜這麼好，還怕沒人買？」

說話間，又有一個人來問價了。父親依然說二十塊錢一斤。這個人實在喜歡他們的花菜，就是嫌太貴了，他軟磨硬磨，一定要父親便宜一點兒，可父親就是不鬆口。那人咬咬牙說：「減兩塊，十八塊錢一斤，我全要了。」

父親說：「少一分都不賣。」那人只好嘆了口氣，走了。

已近中午，時間不早了，買菜的人越來越少，菜價開始往下跌。

別人的花菜大部分都賣完了，剩下沒賣的已經降到了十二塊錢一斤，他們再叫二十塊錢一斤就被人笑話了，只好降到十八塊錢一斤。還是沒人買，小田說：「我們乾脆也賣十五塊一斤算了。」

父親說：「不行，我們的花菜是最好的。」

中午過後，菜價跌得更厲害。花菜不能隔夜賣，接下來價格跌得更慘，十二塊、十塊、九塊，黃昏的時候，有人乾脆論堆賣，八塊錢一堆。他們的花菜經過一天日曬，早已毫無優勢了。天快黑時，一個老頭用十塊錢買走了他們的一大堆花菜。

回家的路上，小田埋怨父親說：「早上人家給十八塊一斤你為什麼不賣？」

父親笑笑說：「是呀，那時候出手該有多好，可早上總以為自己的花菜值二十塊錢一斤，就像你現在總以為自己月薪必須三萬元一樣。」

第二天，小田就到一家公司去上班了，月薪兩萬多元。由於他出色的業績，半年後便被提升為公司主管。

智慧沙：禁錮於身段，只會把自己綁起來。一個人只有放下「身段」，路才會越走越寬。

有一位在美國留學的電腦博士，辛苦了好幾年，總算畢業了。可是，雖說是拿到了響噹噹的博士文憑，卻一時難以找到工作。沒有工作，生計沒有著落，這個滋味可是不好過。他苦思冥想，總算想到了一個絕妙的點子。

他決定收起所有的學位證明，以一個最低身份去求職。這個法子還真靈。一家公司老闆錄用他做程式輸入員。這工作對他來說簡直是拿高射炮打蚊子——大材小用。不過，他還是一絲不苟，勤勤懇懇地做著。

沒過多久，老闆發現這個新來的程式輸入員非同一般，他竟然能看出程式小的錯誤。這時，這位小夥子掏出了學士證書。老闆二話沒說，立刻給他換了個與大學畢業生相匹配的職位。

又過了一段時間，老闆發現他時常還能為公司提出許多獨到而有價值的見解，這可不是一般大學生的水準呀！這時，這位小夥子又亮出了碩士學位證書，老闆看了之後又提升了他。

他在新的崗位上做得很出色，老闆覺得他還是高人一籌。

於是，老闆把他找到辦公室，對他進行詢問，這時，這位聰明人才拿出來他的博士證書。這時老闆對他有了全面的了解，便毫不猶豫地重用了他，這位博士也終於獲得了成功。

智慧沙：

放下學歷、放下家庭背景、放下身份，讓自己回歸到「普通人」。不要在乎別人的眼光和批評，做你認為值得做的事，走你認為值得走的路！

透過不同方式結交朋友

徐志摩還在七歲的時候，就已經非常聰明，且對語言及文學表現出濃厚的興趣，但直到十五歲，他還覺得自己在這方面的學習長進不大，迫切需要一位精於此道的老師來指點。他聽說梁啟超是良師，但梁啟超是大名鼎鼎的人物，想拜他為師可不容易。於是，他就前往表舅家請表舅從中為其引見，因為徐志摩的表舅與梁啟超相交頗深。

在與表舅的一席交談中，徐志摩充分表達了自己的迫切願望，他那對長輩的謙恭之情和才學，深深打動了表舅，使表舅覺得此子是可造之材。於是，他親自帶徐志摩去梁啟超家，讓其拜在梁啟超的門下。從此，老師的輔導加上自身的努力，徐志摩在詩歌上的造詣突飛猛進。最後，終於成了一名著名的詩人。

智慧沙：

結交朋友的方式和途徑其實有很多，關鍵在於你如何去把握和利用。只有朋友多了，視野才能更開闊，生活才更充實，自己的幫手才會越來越多。

香港的王先生憑著智慧與汗水創辦了一個大型集團公司，經過幾十年的奮鬥與拚搏，已成為香港同行業中執牛耳者。王先生雖已成家立業，但時時刻刻都在想著家鄉，想著家鄉的人民。如今年齡大了，很有一種葉落歸根的想法，但苦於工作太忙，無法回去。

這時，王先生的家鄉為了修築一座大橋，需要一筆不小的資金，當地政府千方百計籌措，才籌到了總數的三分之一，於是就派出陳某去找王先生，希望能得到援助。

陳某就職政府對外聯絡人，為人聰明，善於交際，且很有辦法。他看了王先生的詳細資料後，就判斷王先生這時也很有回家鄉投資的意向。因此，在沒有任何人員的陪同，也沒有準備任何禮品的情況下，陳某獨自一人前往香港，並且打包票說鐵定會籌到款項。

當王先生聽到家鄉來人時，他在欣喜之餘也感到有些驚訝。因為久不聞家鄉的訊息，突然有人來了，該不會是招搖撞騙的吧！王先生心裡不由生起陣陣疑心，但出於禮節，他還是同陳某見了面。

陳某一見王先生這種態度，知道他還未完全相信自己。於是他挑起了家鄉的話題，只講家鄉的風貌變化。他那生動的語言，特別是那濃濃的愛鄉之情溢於言表，令王先生深受感動，也將他帶回了童年及少年時期，想起了那時的家鄉、那裡的爺爺奶奶還有鄰里親戚……顯然，王先生記憶深處中的那塊思鄉領地已被陳某揭開了蓋頭，蘊藏在心中幾十年的那份感情全部流露了出來，欲罷不能。

就這樣，經過三個小時的「聊天」，陳某對借錢一事隻字未提，只是與王先生回憶了家鄉的變遷，猶如放電影一般。最後，王先生不但主動提出要為家鄉捐款一事，還答應了與家鄉合資開工廠的要求，並與陳某成為「忘年之交」。陳某巧妙利用「同鄉」關係，成功地達到了求人辦事的目的，更給自己增加了一位可以信賴的朋友和靠山。

智慧沙：

只要有心廣結人緣，機會就會頻頻出現，像有著共同興趣的集會或者社團活動、各種活動中心，都是你交友的場所，甚至連餐廳和咖啡廳裡都能交到朋友。

以情理服人得人心

富蘭克林還是個毛躁的年輕人時，有一天，一位教友會的老朋友把富蘭克林叫到一旁，把他尖刻地訓斥了一頓：「你真是無可救藥，你已經打擊了每一位和你意見不同的人。你的意見變得太珍貴了，以至於沒有人承受得起。你的朋友發覺，如果你不在場，他們會自在得多。你知道得太多了，沒有人能再教你什麼，因為那樣會費力不討好，又弄得很不愉快。因此你不可能再吸收新知識了，但你的舊知識又很有限。」

富蘭克林接受了那次嚴厲的批評。他決定立即改掉傲慢、粗野的性格。

於是，富蘭克林給自己立下了這樣一條規矩：絕不正面反對別人的意見，也不准自己太武斷。

他甚至不允許自己在文字或言辭上太肯定。他不說「當然」、「無疑」等，而改用「我想」。當別人陳述一件他不以為然的事情時，他絕不立刻駁斥，或立即指出錯誤。他會在回答的時候，表示在某些條件或情況下，別人的意見並沒錯，但在目前看來好像稍有不當等等。他很快就領會到改變態度的收穫，凡是他參與的談話，氣氛都融洽得多了。

智慧沙：

要懂得用道理去征服別人，而不是用力量來壓制他人屈服。以謙虛、理性的態度來表達自己的意見，不但容易被他人接受，還能減少一些衝突。

歐哈瑞曾是紐約懷德汽車公司的明星推銷員，來聽聽他成功的說法：

「如果我走進顧客的辦公室，而對方說：『什麼？懷德卡車？不好！你送我我還不要呢！我要的是何賽的卡車。』我會對他說：『老兄，何賽的貨色的確不錯。買他們的卡車絕對錯不了，何賽的車是知名公司的產品，業務員也相當優秀。』

「這樣他就無話可說了，沒有爭論的餘地。如果他說何賽的車子最好，我說不錯，他只有住口。他總不能在我同意他的看法後，還說一下午的『何賽的車子最好』。接著我們不再談何賽，我開始介紹懷德汽車的優點。

「當年若是聽到那種否定懷德的話我早就氣得不行了，而開始挑何賽的錯的話，我愈批評別的車子不好，對方就愈說它好；愈是辯論，對方就愈喜歡我的競爭對手的產品。

「現在回憶起來，真不知道過去是怎麼做推銷工作的。我一生中花了不少時間在爭辯，我現在卻守口如瓶了。實踐證明，果然有效。」

智慧沙：

即使在態度溫和的狀況下，要改變別人的想法都不容易，何況採取更激烈的方式呢？聰明的人，要懂得不失理性，以理服人，不要老是直接反對或斥責別人，那樣的成效甚微或適得其反。

朋友多了路好走

林紹良是一位善交朋友的人。誰能想到，他的這些朋友當中竟出了一位總統。

林紹良，一九一七年出生於福建省福清口鎮牛宅村一個普通農民家庭，其父為人忠厚樸實，全憑土地為生，務農養家。林紹良弟兄三個，他最小，幼年的林紹良在林氏祠堂裡讀了七年私塾。

十四歲結束私塾生涯時，他的父母在村子東頭的路口上，租下了一間小屋，開了一個小面店。家裡把小店的主要經營業務放在了紹良身上。紹良經營也頗為有方，前幾個月竟賺了不少錢，頗得鄉鄰的誇獎，父母也很滿意，指望他有更大的出息。後來，日軍的鐵蹄踏上了福清的土地，為逃避兵役，林紹良隨同一個從印尼回來探親的華僑，到印尼中爪哇投奔他的叔叔。

當時，他的叔父在中爪哇的一個小鎮上開一個花生油店，林紹良在其叔父店中做了一段時間後發現，每天坐在店中等顧客上門，生意清淡，收入微薄，不是經營的上策。他徵得叔父同意後，當上了推銷員，到顧客門上去銷售。效果果然不錯，每天的收入比在家裡高出了許多，因此頗得叔父讚賞。這個時期的林紹良生活非常艱苦，為了多賺錢，他每天頂著烈日，冒著風雨，不停地奔波。

林紹良在叔父家當了一段時間夥計，有了點存款。於是徵得叔叔理解，開始了獨立的小販生涯。他選中了人們每天喝的咖啡，買來咖啡豆在家磨成粉，粗糙地加一層包裝，然後拿到市場上去賣。先是在自己所住的小鎮上賣，後騎上自行車，到幾十裡以外的中爪哇首府三寶壟去賣。

第二次世界大戰結束後，印尼獲得了獨立，但荷蘭軍隊卻捲土重來，幾場大規模的戰鬥之後，爪哇島被人為地劃分為荷占領區和印尼共和國獨立區。在印尼人民的獨立戰爭中，當地華人為保衛家園，紛紛投入支持印尼人民的鬥爭中。一些華商冒著生命危險，從當地偷運白糖、椰乾等土產到新加坡去販賣，然後購買軍火、藥品，衝破荷軍封鎖，送給印尼軍隊。

林紹良也投入了這一行列中。他憑著幾年來與人為善的商風建立起來的廣泛的社會關係，很順利地購進一批軍火，又憑著機智勇敢和對地形的熟悉，左右迴旋，見縫插針，將第一批軍火運到印尼駐軍總部所在地三寶壟，將它交給了急需軍火的軍人。

一次成功，增添了信心，取得了經驗，林紹良一次一次地往來於荷蘭和印尼軍隊之間。在販運軍火過程中他結識了許多印尼軍官，其中包括當時三寶壟駐軍的中校團長，後來成為印尼總統的蘇哈托。每當蘇哈托的軍隊陷入經濟窘境，林紹良總是義不容辭地全力支持，因此，兩人結下了非同一般的友誼。當然，當時的林紹良僅僅是出於為人忠厚、與人為善的本能，他並未曾料到蘇哈托將來會成為國家總統。

在販賣軍火的同時，林紹良又敏銳地發現了另一宗可獲厚利的買賣，這就是丁香。當時中爪哇生產的一種丁香菸，聞名遐邇，銷路很好，中爪哇大大小小上百家的菸廠賴此為生。但丁香產於馬魯古群島，要將丁香運到中爪哇，須經過荷蘭軍隊重重封鎖線。一些商人雖看中了這一誘人的發財機會，但害怕無情的戰火，不得不忍痛割愛，一些鋌而走險的人，多數也都失敗。

經過周密的謀劃，林紹良決定做這樁買賣。他設計了一條比較保險的運輸路線：從馬魯古群島及北蘇拉維裝貨，繞道新加坡，避開印尼國內的戰區，從三寶壟登岸，運到古突土鎮，再發往各菸草廠家。這樣，從馬魯古到古突土，林紹良一次次頻繁往來。言而有信的蘇哈托為他提供了一次又一次特殊的軍事保護。於是林紹良終告別了走街串巷的小販生涯，成為印尼商界小有名氣的商人。

智慧沙：

在漫長的人生路上，沒有人能夠單獨地走完一生。於是，茫茫人海中，你總會追尋到生命中最重要的人——朋友。真正的朋友應該是同享樂共患難。快樂的時候共同分享，悲傷的時候互相勸慰，困難時給予援助與支持。

印荷之戰結束後，印尼領土得到了統一。此時的林紹良已積累起相當豐厚的資本。事業上的成功，經濟實力的增長，使他萌生了一種擴大領域，大展宏圖的強烈願望。經過冷靜分析，他得出了一個結論：印尼目前的狀況是經濟全面崩潰、百姓窮困潦倒。面對這種情況，作為一個商人，必須把自己的立足點放在百姓的衣食住行方面，同人民群眾的基本生活需求接軌，才能有利可圖。

在販賣丁香的商務活動中，他也獲得了一個新的啟示：這就是，開工廠比行商更為有利，因為他雖然賺了丁香園主的錢，可是菸廠又賺了他的錢。如果選對目標開工廠，一定能得到更大發展。

經過深思熟慮，一九五四年，他在首都雅加達開辦了一家肥皂廠。這一步邁得非常扎實，肥皂生產工藝簡單，原料充足，勞動力又非常低廉，因此，不須花多大投資，就可見效。剛剛平息戰亂的印尼，物資極度匱乏，林紹良的肥皂一上市就狂銷熱賣。他憑此穩住了腳跟後，又在尼默和布拉巴亞興建了兩座紡織廠，為了增加市場競爭力，他又與人合資，在古突土和萬隆建立了兩座中等規模的紡織廠。

林紹良的資金越來越多，他的開工廠熱情也越來越高。他遵循應民族之所需，補民族經濟之所缺的原則，辦起了輪胎廠、自行車零件製造廠、鐵釘廠……總之，他審時度勢，明察行情，占領了一個陣地，便迅速擴大自己的勢力範圍。隨著事業的發展，在經營活動中，他明白了一個道理——要成為一個立於不敗之地的實業家，必須建立自己的金融機構。於是他求得泰國金融巨頭——泰籍華人陳弼臣的幫助，辦起了自己的銀行——中央亞細亞銀行。從而擺脫了為應付企業資金周轉而四處拜佛燒香的被動局面。中央亞細亞銀行業務迅速發展，很快成為印尼最大的私營銀行。

二十世紀六〇年代中期，蘇哈托就任印尼總統，林紹良的事業更得到了空前發展。一九六八年，鑑於印尼長期遭受殖民主義掠奪，糧食缺口很大，每年須拿出大量外匯進口糧食，林紹良向政府提議，在國內自行加工麵粉。印尼政府很快採納了他的建議，並把全國生產麵粉三分之二的專利權交給了他。林紹良為此成立了波戈沙里有限公司，並獲得印尼國家銀行二十八億盾（約合兩百八十萬美元）的貸款，國家總統蘇哈托親自主持了公司第一座麵粉廠的落成典禮。

經過十年的努力，波戈沙里公司屬下的幾座麵粉廠已能生產國內麵粉需求量的八十％，成為亞太地區最大的麵粉公司。同年，林紹良又獲得了經營丁香的專利權。並與蘇哈托家族共同創辦了擁有三十多家銀行、建築、水泥、鋼鐵等行業的「根扎那企業集團」，該企業集團後來成為印尼華人實力最雄厚的五大財團之一。

隨著外資、合資企業在印尼的出現，多年冷落的建築業漸漸復甦。林紹良機敏地抓住了這一時機，投資一億美元鉅款，建成狄斯丁水泥廠，使生產能力由每年的五十萬噸猛增到一百萬噸，同時著手另建兩座水泥廠。僅用三年時間，一個占全國水泥年產量三十八％的「印尼士敏土集團」就形成了。年銷售額達兩億多美元，成為印尼最大的水泥生產集團。

智慧沙：

機會是由人創造的，而林紹良的成功，一半也得力於總統蘇哈托的支持。朋友不需要你對他許諾什麼，只是在他最困難的時候全力以赴；朋友不需要你讚揚他什麼，只要他成功時在心底為他祝福；朋友不需要你給予什麼，那顆真誠的心就是全部；朋友不需要說什麼冠冕堂皇的話語，一個眼神足以令心中的傷口癒合。

第五卷 品行示真

誠信是做人的一種品行。在人的一生當中，可以沒有金錢，也可以沒有榮譽，但絕不能沒有誠信。有了它，你才能和別人相處得更加融洽；有了它，你的生活才能更加飽滿；有了它，你的人生才能更加豐富多彩。因為，品行重於能力，能力可以慢慢培養和鍛鍊，而品行卻不是輕易能改變的。

誠實是可靠的信用卡

吉姆和朋友格爾前往一家公司應徵。那家公司待遇優厚，參與應徵的人不少。面試結束後，主考官說還需要復試一次，讓他們五天後報到。

五天後，他們早早地去公司。公司老總親自為他們安排了當天的工作——給他們每人一大捆宣傳單，讓他們到指定的街道各自發放。

吉姆抱著傳單，來到了劃定的地盤，見人就發給一張。有的人接過去了；有的人連理都不理；有的接過去就隨手扔在地上，他只好撿起來重發。忙碌了一整天，可手上的傳單還剩厚厚的一疊。

下午五點，吉姆拖著一身的疲憊回公司交差。走進公司辦公室，他看見其他人都已經回來了。格爾一看到他就說：「你怎麼還留那麼多傳單在手中？」吉姆一看大家手上都是空的，心頭慌了。

老總問吉姆發了多少。他漲紅著臉，把剩下的傳單交給了他，難為情地說：「我做得不好，請原諒！」

在回住處的路上，格爾一個勁兒地抱怨他傻，並告訴吉姆自己的傳單也沒發完，剩下的全都扔進了垃圾桶，其他人想必也是如此。吉姆這才恍然大悟，恨自己愚鈍不開竅，心想這份工作自己肯定沒指望了。

結果卻大出意料。在那次招募中，吉姆成了唯一的被錄用者，讓人感到很納悶。

半年後，吉姆因為業績突出，升任部門經理。在慶典晚宴上，他詢問老總當初為何選擇了他。老總說：「一個人一天能發放多少傳單，我們早就測試過。那天我給你們的傳單，用一天時間肯定是發不完的。其他人都發完了，唯獨你沒有。答案就這麼簡單！」

吉姆感慨地對人說：「那一次求職經歷我始終不能忘記，它讓我明白了一個受用一生的道理：誠實是金，別人對你的信任，首先來自於你對別人的誠實。」

智慧沙：

一個誠實的人，他的自我是純真的、穩定的、健康的，體現出一種理想的道德力量和意志力量，為他人所信賴。

從前，有一隻小狗和一隻小兔子是非常要好的朋友，他們常常一起在森林裡玩耍。

一天，小狗對兔子說：「兔子兄弟，冬天快到了，我們應該到樹林裡去砍些木頭回來，準備過冬了。」小兔子高興地答應了。

第二天，小狗和小兔子一起拎著斧頭上去樹林裡砍木頭。不知不覺，小狗和小兔子已經工作一上午了，他們拿出了自帶的乾糧開始午餐。吃完之後，小兔子說：「狗兄弟，我們剛吃完午餐，去找點水喝吧。」

「那好吧，我們一起去找水喝。對了，把斧頭帶上吧，可別丟了。」小狗囑咐道。

於是，他們扛著斧頭就去找水喝，不一會兒，他們就找到了一條小河，正當他們準備過橋的時候，斧頭掉在水裡了。小狗急了，不禁大哭起來。這時候，忽然從水裡浮出了一位小仙女。

小仙女問道：「小狗，你為什麼這麼傷心呀？」

小狗說：「仙女姐姐，我的斧頭掉進河裡了，你能不能幫我撿起來？」

仙女說：「當然可以。」仙女在水底拿了兩把斧頭。然後，浮在水面說：「這兩把金和銀的斧頭是不是你的？」

小狗回答說：「都不是！」仙女又拿來木斧頭問：「是不是這把？」小狗說：「對了，就是這把！」仙女對小狗說：「小狗，你非常誠實，我就把這兩把斧頭送給你。」小狗小心翼翼地拿了過來說：「謝謝你，仙女姐姐！」說完，小兔子就和小狗就高高興興地回家了。

狐狸聽說了這件事情，馬上拿起媽媽新買的木斧頭來到那座橋上，故意把斧頭扔在水裡，然後假裝哭了起來。

這時候，小仙女又從水裡出來了，問：「你為什麼哭呀？」狐狸說：「我的金斧頭掉在水裡了。」仙女生氣地說：「你不誠實，你的斧頭是金的嗎？」說完，仙女就沉入河底了。狐狸只好哭著走回家了。

智慧沙：

誠實的另一面是欺騙。騙子有時看上去好像很聰明，其實是最愚蠢的。這種人往往要吃大虧，原因就在於他太不誠實。

十八世紀，英國有一位有錢的紳士，一天深夜他走在回家的路上，被一個蓬頭垢面衣衫襤褸的小男孩攔住了。

「先生，請您買一包火柴吧！」小男孩說道。

「我不買。」紳士回答說。說著紳士躲開男孩繼續走。

「先生，請您買一包吧，我今天還什麼東西也沒有吃呢！」小男孩追上來說。

紳士看到躲不開他，便說：「可是我沒有零錢呀！」

「先生，你先拿上火柴，我去給你換零錢。」說完男孩拿著紳士給的一個英鎊快步跑走了，紳士等了很久，男孩仍然沒有回來，紳士無奈地回家了。

第二天，紳士正在自己的辦公室工作，僕人說來了一個男孩要求面見紳士。於是男孩被叫了進來，這個男孩兒比賣火柴的男孩矮了一些，穿得更破爛。

「先生，對不起了，我的哥哥讓我給您把零錢送來了。」

「你的哥哥呢？」紳士問。

「我的哥哥在換完零錢回來找你的路上被馬車撞成重傷了，在家躺著呢！」

紳士深深地被小男孩的誠信所感動。

「走！我們去看你的哥哥！」

到了男孩的家一看，只有兩個男孩的繼母在照護受了重傷的男孩兒。一見紳士，男孩連忙說：「對不起，我沒有給您按時把零錢送回去，失信了！」紳士卻被男孩的誠信深深打動了。當他了解到兩個男孩兒的親生父母已雙亡時，毅然決定把他們生活所需要的一切都承擔起來。

智慧沙：

誠實，就是言行一致，心口同一。誠實的人總是能夠坦坦蕩蕩地將自己真實的一面展現給世人，因此總是能夠得到大家的信任。而誠實也是一張最可靠的信用卡，無論購買什麼都不會受到半點的懷疑。

不要妄想不勞而獲

宋國時期，有一個非常勤勞的農夫，種著幾畝地，他每天早上很早就到田裡工作，一直到太陽下山才收拾農具回家，以此來維持家裡的生活。

農夫的這塊土地簡直就是他的命根子，一家人的生活也全都依靠它。農夫辛勤地播種、捉蟲、除草，因此到秋天總能獲得豐收。在他的地頭，長著一棵大樹，這棵樹已經有好幾百年的歷史，非常粗壯。

有一天，農夫又來到地裡工作，收穫的季節快到了，農夫看到地裡的莊稼長得非常好，心裡很高興。於是，便坐在大樹旁邊休息，心想：今年肯定又是一個大豐收了。忽然，農夫看見一隻兔子飛奔過來，牠跑得又急又快，一不小心，兔子撞到了旁邊的大樹，這棵樹太結實了，兔子這一撞，就撞斷了頸部，不一會蹬蹬腿就死了。這個農夫看見了，就飛快地跑過去把兔子撿了起來，自言自語地說道：「這真是一點也不費功夫，撿了個大便宜，回去可以讓孩子們開心地吃上一頓了。」說完，他拎著兔子一邊往家走，一邊得意地想：我的運氣真好，說不定明天還會有兔子跑來，既然天底下有這麼好的事，我又何必每天辛苦地耕田呢？

第二天，農夫來到地裡，卻不幹活，只守著那棵大樹，等著兔子撞過來。結果，他等了一天什麼也沒等到，他卻不甘心。到了第三天，他還是在地裡等著，第四天也一樣，第五天……從此以後，這個農夫整天守在大樹旁，希望能再等到不小心撞死的兔子。然而，直等到田地裡的野草長得比莊稼都高了，他還是連個兔子影子也沒有再見到。

智慧沙：

「守株待兔」的故事家喻戶曉，那些只想不勞而獲的人，是永遠都不可能真正的擁有幸福。

從前，有一位愛民如子的國王，在他的英明領導下，人民豐衣足食，安居樂業。深謀遠慮的國王卻擔心在他死後，人民是不是也能過著幸福的日子，於是他召集了國內的有識之士，命令他們找一個能確保人民永世生活幸福的法則。

三個月後，有位學者把三本六寸厚的帛書呈上給國王說：「國王陛下，天下的知識都匯集在這三本書內，只要人民讀完它，就能確保他們的生活無憂了。」

國王不以為然，因為他認為人民都不會花那麼多時間來看書。所以他再命令這位學者繼續鑽研。兩個月後，學者把三本簡化成一本。國王還是不滿意。又一個月後，學者把一張紙呈上來給國王。國王看後非常滿意地說：「很好，只要我的人民日後都真正奉行這寶貴的智慧，我相信他們一定能過上富裕幸福的生活。」說完後便重重地獎賞了這位學者。

原來這張紙上只寫了一句話：天下沒有不勞而獲的東西。

智慧沙：

不勞而獲的人鬆懈了奮鬥的神經，忘記了自己的雙手和大腦的用途，這種人最後只有走向消沉之路。要想得到收穫，只能靠自己努力爭取。當然，只要還存有一點取巧、碰運氣的心態，就很難全力以赴。

勇於挑戰自我

摩洛．路易士是個善於挑戰自我的人。他的非凡成就來自兩次成功的拚搏，一次在二十歲，另一次在三十二歲。

摩洛在九歲時隨家人一起搬到紐約。在此之前，他的生活已是多姿多彩，比一般人豐富許多。由於家人皆喜好音樂、喜劇，所以在這種環境的薰陶之下，幾乎所有的樂器摩洛都能演奏。他是一般人眼裡的天才兒童——不到十歲，他便指揮過交響樂團；十二歲時，他從事雞蛋專賣，做得有聲有色，雇有十六名少年為他工作；到了十四歲，他獨立組織了一個舞蹈團；高中畢業之後，他又投身新聞界擔任一名採訪記者，與許多新聞界的老前輩，例如班．希特、查理斯、馬卡沙等人一起工作；十九歲時，他曾獲音樂獎學金，但由於舉家搬遷，所以只好放棄此次進修的機會。

在紐約，摩洛在一家廣告公司找到一份一周十四美元的差事。對當時的情景，摩洛是這樣回憶的：「那時候我經常跑外勤，工作非常忙碌，成天像發瘋似的，時間也過得特別快。六點下班以後，我還到哥倫比亞大學上夜間部，主修廣告。有時候，由於工作尚未做完，所以下課後，我還會從學校趕回辦公室繼續工作，常常是從十一點一直工作到第二天凌晨兩點。」摩洛非常喜歡充滿創意的設計工作，而他也的確做得有聲有色。

二十歲時，摩洛放棄在廣告公司內很有發展的工作與旁人夢寐以求的職位，決心自己創業。這便是他人生中的第一次拚搏。他放棄收入穩定、前途似錦的工作，完全投身於未知的世界，從事創意的開發。結果，成績令人滿意。

摩洛的創意主要是說服各大百貨公司，透過CBS電視公司成為紐約交響樂節目的共同贊助人。摩洛本人認為此法十分可行：一方面，當時的百貨公司業績都不好，都希望能借助廣告媒體提高形象與銷售成績；另一方面，在紐約，交響樂節目的聽眾多達一百萬人，十分值得投資。於是，摩洛便立於其間幫兩邊牽線。

在當時，這種性質的工作對人們來說相當陌生，所以做起來困難重重。而且，要同時說服許多家獨立的百貨公司，在之後要分別採納各公司的意見加以整合，這種事過去從未有人完成過，更別說要他們拿出幾百萬美元的經費來。所以，一般人預測他不可能成功。

儘管如此，摩洛仍然十分賣力地在各地進行說服工作。結果相當成功。一方面，因他的創意大受歡迎，與許多家百貨公司簽成了合約。另外，他向CBS電台提出的策劃方案也順利被接受。此後的十個星期，他幹勁十足地與電視台經理一同展開一連串的系列廣告活動。值得一提的是，這段期間內他沒有任何收入。

計畫眼看著就要步入最後的成功階段，然而沒有料到的事發生了，由於合約內某些細節而終告流產，他的夢想也隨之破滅。但「塞翁失馬，焉知非福」。此事結束之後，CBS公司馬上來挖角，聘請他為紐約辦事處新設的銷售業務部門負責人，並支付高出以往三倍的薪水給他。摩洛重又活躍在銷售界，他的潛力得以繼續發揮。

在CBS服務幾年之後，摩洛再度回到廣告業界工作，但這次不是從基層做起，而是直躍龍門——他擔任了承包華納影片公司業務的湯普生智囊公司的副總經理。

那個時代，電視尚未普及，與今日相比，仍處於搖籃期。但摩洛非常看好它的遠景，認為電視必將快速發展，大有可為，便專心致力於這種傳播媒體的推廣。由公司所提供的多樣化綜藝節目，為CBS公司帶來空前的大成功。

這便是摩洛人生中的第二次拚搏。為了它，他再次放棄原來可以平步青雲的機會，走入另一個未知的世界。但這次冒險並不完全是孤注一擲，他是看準後才推上自己的「賭注」。最初兩年，他僅是純義務性地在「街上乾杯」的節目中幫忙，沒想到竟使該節目大受歡迎，以後連續多年被評為美國最受歡迎的綜藝節目之一。

從一九四八年開始到一九八八年，整整四十餘年的時間，它的播映從未間斷，這是在競爭激烈的美國電視界內非常難能可貴的現象。除了節目成功之外，他也被CBS公司任命為所有喜劇、戲劇、綜藝節目的製作主任。

智慧沙：

如果你有足夠的勇氣，就勇敢地投入到人生的激流中去，積極把握自己的人生。只有懂得如何挑戰人生的人，才是最有自信心與實力的人。

表現出你的勇敢

傑夫・荷伊在他的一篇文章裡曾記錄了他那令人難忘的故事：

我開始做生意不久，就聽說百事可樂的總裁卡爾・威勒歐普要到科羅拉多大學來演講。我找到為他安排行程的人，希望能找個時間和他會面。可是那個人告訴我，他的行程安排得很緊湊，頂多只能在演講完後的十五分鐘與我碰面。

於是在威勒歐普演講的那天，我就到科羅拉多大學的禮堂外苦坐，守候這位百事可樂的總裁。他對學生演講的聲音不斷從裡面傳來，不知過了多久，我猛然驚覺，預定的時間已經到了，但是他的演講還沒結束，他已經多講了五分鐘，也就是說，我和他會面的時間只剩下十分鐘。我必須當機立斷，做個決定。

我拿出自己的名片，在背面寫下一句話，提醒他後面還有個約會：「您下午兩點半和傑夫・荷伊有約。」然後我做個深呼吸，推開禮堂的大門，直接從中間的走道向他走去。威勒歐普先生原本還在演講，見我走近，他停下話來，我把名片遞給他，隨即轉身從原路走出來，我還沒走到門邊，就聽到威勒歐普先生告訴台下的觀眾，說他遲到了，他謝謝大家來聽他的演講，祝大家好運，然後就走到外面我坐的地方。此時，我坐在那裡，全身神經緊繃，連呼吸都好像停止了。

威勒歐普看了看名片，接著看看我說：「我猜猜看，你就是傑夫。」我們就在學校裡找了個地方當辦公室，關起門來暢談了一番。

結果我們談了整整半小時。威勒歐普不但花費寶貴的時間告訴我許多精彩動人的故事，而且還邀我到紐約去拜訪他和他的工作夥伴。不過他賜給我最珍貴的東西，還是鼓勵我繼續發揮先前那種勇氣。他說商業界或者其他任何地方，所需要的就是勇氣，你希望促成什麼事的時候，就需要有勇氣採取行動，否則終將一事無成。

智慧沙：

是機會就一定要爭取，缺乏勇氣只能會讓你坐失良機。在人類歷史上，只有那些相信自己、勇敢而富有創造力的人，以及那些富有冒險精神的人，才能成就偉大的事業。

《請老闆付薪水》的作者講了自己的一件親身經歷之事：

這是年輕時暑假的故事，一想起，便歷歷在目，令我終生難忘。那天是星期日，剛上完晚班，我累極了，顧不上換下油漬漬的工作服，連忙倒在床上準備大睡一覺。但牆上的日曆提醒我離開學只有三天了。怎麼辦？那兩千多元的學費還沒著落，來這沒日沒夜地做了一個月，可是口袋裡一個硬幣也沒有，得想點辦法。想來想去，辦法只有一個：請老闆預付薪水（因為該廠的慣例是工程結算後才發工資，當時工程正忙）。

我從床上溜下來，脫下汗漬的衣服，洗了臉，硬著頭皮朝經理室走去。站在經理辦公室燙金的招牌底下，我輕輕地敲了一下門，「進來，」經理頭也沒抬，仍仔細地翻著那一疊厚厚的資料。我怯生生地站在辦公桌前，暗思著可能發生的一切。四五分鐘後，經理炯炯有神的目光射向我：「有什麼事，說吧。」

「老闆，離開學只有三天了，我想預支點薪水。」

「嗯，可以考慮，學生以學業為主嘛。」居然這麼簡單！我心裡暗自高興：有戲了。

「你過來，我找一下工時記錄。對，是這份。一共三十二個工時，每個工時二十五塊，加班費共一百六十元。我算一下，對，總共是九百六十元，是不是？」

「沒錯，老闆。」

「不過，你曾到辦公室打過五通電話，三通長途，電話費是八十五・八元，你前天到市區的時候借了我五十塊錢買東西；損壞鋼絲床一個，需賠一百五十元；搬東西時弄壞台燈一個，椅子四把，共要賠一百六十元；昨天你提前交班，罰款五十元。規章制度你是知道的。這樣一來，你應拿的工資是四百六十四・二元……」

老闆的話還沒說完，我大叫起來：「不，不，打長途電話是經你允許的，是聯繫業務需要；我沒借你的錢，那五十塊錢是買原料的；那個鋼絲床早報廢了；台燈椅子不是我損壞的，那天是他們叫我收拾壞掉的東西；提前交班是我們私下的事，況且沒發生任何事故……」

「不可能吧，」老闆發話了，「這裡有記錄、有罰款報告單，另外你應該清楚跟老闆強詞奪理的後果，我從來不跟人多廢話。這是四百六十四・二元，數一下。」老闆轉身出去了。

我的心一下子涼了，只四百六十四・二元，還差一大截。但轉念一想，總算弄了點錢，這可是用自己的汗水掙來的第一筆錢。我收起錢，離開了經理室。

「等等，」我正準備下樓梯，身後又傳來了經理的聲音：「你為什麼不堅持？為什麼不據理力爭？在這個充滿競爭的社會裡，你為什麼就這樣輕而易舉放棄，這樣永遠也做不成大事！」

「拿著，這是你的工資袋，共九百六十元，把剛才的那個也帶上，我知道你是大學生，但你也應該學習競爭，光能吃苦還不夠，你是在我這裡打工最能吃苦的大學生，我欣賞。四百多塊錢算獎金，走吧，念好書。」

我在那裡愣半天，許久才說了一聲：「謝謝。」老闆卻早走了。

智慧沙：

堅持與放棄都需要勇氣，勇氣有時的確能改變一切。在我們人生的關鍵時刻，只有將得失置之度外，充滿勇氣地去做自己該做的事，才有可能贏得屬於自己的勝利。

在逆境之中崛起

大約在兩個半世紀以前，在法國里昂的一個盛大宴會上，來賓們就一幅繪畫到底是表現了古希臘神話中的某些場景，還是描繪了古希臘真實的歷史畫面，展開了激烈的爭論。看到來賓們一個個面紅耳赤，吵得不可開交，氣氛越來越緊張，主人靈機一動，轉身請旁邊的一個侍者來解釋一下畫面的意境。

這是一位地位卑微的侍者，他甚至根本就沒有發言的權利，來賓們對主人的建議感到不可思議。結果卻大大出乎了人們的意料，這位侍者的解釋令所有在座的客人都大為震驚，因為他對整個畫面所表現的主題做了非常細緻入微地描述。他的思路非常清晰，理解非常深刻，而且觀點幾乎無可辯駁。因而，這位侍者的解釋立刻就解決了爭端，所有在場的人無不心悅誠服。

大家對侍者一下子產生了興趣。

「請問您是在哪所學校接受教育的，先生？」在座的一位客人帶著極其尊敬的口吻詢問這位侍者。

「我在許多學校接受過教育，閣下，」年輕的侍者回答說，「但是，我在其中學習時間最長，並且學到東西最多的那所學校叫做『逆境』。」

這個侍者的名字叫做讓．雅克．盧梭。他的一生確實都是在逆境中度過的。早年貧寒交迫的生活，使得盧梭有機會成為一個對整個社會的方方面面有著深刻認識的人，儘管他那時只是一個地位卑微的侍者。然而，他卻是那個時代整個法國最偉大的天才，他的思想甚至對今天的生活仍有著重要的影響。讓．雅克．盧梭的名字，和他那閃爍人類智慧火花的著作，就像暗夜裡的閃電一樣照亮了整個歐洲。

智慧沙：

盧梭一切偉大成就的取得，都得益於那所叫「逆境」的學校。不要害怕苦難，不要鄙夷不幸。能與困難作戰，不僅磨礪了我們的人生，也能為日後更為激烈的競爭準備了豐富的經驗。

英國著名作家威廉姆・科貝特回憶說：「當我還只是一個每天薪俸僅為六便士的士兵時，我就開始學語法了。我鋪位的旁邊，成了我學習的地方，那是專門為軍人提供的臨時床鋪的邊邊。我的背包也就是我的書包。把一塊木板往膝蓋上一放，就成了我簡易的寫字台。在將近一年的時間裡，我沒有錢來買蠟燭或者是燈油。在寒風凜冽的冬夜，除了火堆發出的微弱光線之外，我幾乎沒有任何光源。而且，即便是就著火堆的亮光看書的機會，也只有在輪到我值班時才能得到。為了買一隻鋼筆或者是一疊紙，我不得不節衣縮食，從牙縫裡省錢，所以我經常處於半飢半飽的狀態。

「我沒有任何可以自由支配的用來安靜學習的時間，我不得不在室友和戰友的高談闊論、粗魯的玩笑、尖利的口哨聲、大聲的叫罵等等各種各樣的喧囂聲中，努力靜下心來讀書寫字。要知道，他們中至少有一半以上的人是屬於最沒有思想和教養、最粗魯野蠻、最沒有文化的人。你們能夠想像嗎？」

「為了一支筆、一瓶墨水或幾張紙我要付出相當大的代價。每次，握在我手裡的用來買筆、買墨水或買紙張的那枚小銅幣似乎都有千斤之重。要知道，在我當時看來，那可是一筆大數目啊！當時我的個子已經長得像現在這樣高了，我的身體很健壯，體力充沛，運動量很大。除了食宿免費之外，我們每個人每週還可以得到兩個便士的零用錢。

「我至今仍然清楚地記得這樣一個場面，回想起來簡直就是恍如昨日。有一次，在市場上買了所有的必需品之後，我居然還剩下了半個便士，於是，我決定在第二天早上去買一條魚。當天晚上，我飢腸轆轆地上床了，肚子在不停地咕咕作響，我覺得自己快餓得暈過去了。但是，不幸的事情還在後頭，當我脫下衣服時，我竟然發現那寶貴的半個便士不知道在什麼時候已經不翼而飛了！我一下子如五雷轟頂，絕望地把頭埋進發黴的床單和毛毯裡，就像一個孩子般傷心地號啕大哭起來。」

艱難的環境不但沒有消磨科貝特的意志，反而成為他不斷前進的動力。他說：「如果說我在這樣貧苦的現實中尚且能夠征服困難、出人頭地的話，那麼，在這世界上還有哪個年輕人可以為自己的庸庸碌碌、無所作為找到開脫的藉口呢？」

智慧沙：

真正傑出的人物，總是能突破逆境，崛起於寒微。艱難的環境既能毀滅人，也能造就人；不過，它毀滅的是庸夫，而造就的往往是偉人！

正直是無畏的象徵

包拯性格正直，對官吏苛刻之風十分厭惡，致力於敦厚寬容之政。他疾惡如仇，但以忠厚寬恕之道推行政務；他從不隨意附和別人，不裝模作樣地取悅別人；他雖然官位很高，但吃飯穿衣和日常用品都跟做平民時一樣。他曾說：「後世子孫做官，有犯貪污之罪的，不得踏進家門，死後不得葬入大墓。不遵從我的志向，就不是我的子孫。」

包拯為人正直，既不兩面三刀，更不會搞陰謀。他從不趨炎附勢，看顏色行事，更不說大話、假話。即使是在皇帝面前，他也是直言不諱，不怕冒犯皇帝。

一次，為了立太子的事，包拯曾冒死直諫，公開對皇帝說：「我已經老了，而且沒有兒子，如果認為我說得不對，也不要緊，反正不是為了自己想升官發財。」幸而宋仁宗沒有處罰包拯，反而說，可以慢慢商量。包拯又說：「宮內的親信宦官，權力太大，待遇太多，應該精簡人員和開支。」這些話當然要得罪皇帝的親信左右，招來不測之禍。皇帝說：「忠鯁之言，固苦口而逆耳，整有所益也，設或無益，亦無所害又何必拒而責之。」

包拯這種剛正不阿的大無畏氣概，使當時的老百姓和一些有正義感的臣僚，對包拯都很欽佩。

包拯在朝廷為人剛毅，貪官為之收斂，有過劣跡的人都很怕他。人們把包拯笑比黃河水清，兒童婦女也知道他的大名，喊他為「包待制」。以前的制度規定，凡是告狀不得直接到官署庭下。包拯打開官府正門，使告狀的人能夠直接到他面前陳述是非曲直，使胥吏不敢欺騙長官。朝中官員和世家望族私築園林樓榭，侵佔了惠民河，因而使河道堵塞不通，正逢京城淹大水，包拯於是將那些園林樓榭全部毀掉。有人拿著地券虛報自己的田地數，包拯都嚴格地加以檢驗，上奏彈劾弄虛作假的人。

智慧沙：

沒有誰能迫使你按高標準要求自己，也沒有誰能勉強你服從自己的良知。正直意味著有勇氣並堅持自己的信念；正直意味著自覺自願地服從，從某種意義上說，就是無私、正義、善良、果敢與堅毅。

英國《泰晤士報》的總編西蒙・福格，每年五六月份，都要接到一堆大學的請帖，要他去做就業方面的演講，因為他曾在尋找職業方面創造過神話。

那是福格剛從伯明罕大學畢業的第二天，他為了尋找職業南下倫敦，走進《泰晤士報》總經理辦公室，他問：「你們需要編輯嗎？」

「不需要。」

「記者呢？，那麼排字工、校對員？」

「不，都不。，我們現在什麼空缺都沒有。」

「那麼，你們一定需要這個了。」福格從包裡掏出一塊精緻的牌子，上面寫著：「額滿，暫不雇用。」

結果，福格被留了下來，做報社的宣傳工作。二十五年後，他已升至總編的位置。

這一美談見報後，福格就成了各大學的座上賓，每年在學生畢業前給學生們做就業方面的報告。但每次演講，他總是避而不談他的求職經歷。他講得最多的是一位護士的故事。

這位護士剛從學校畢業，在一家醫院做實習生。實習期為一個月，在這一個月內，如果能讓院方滿意，她就可以正式獲得這份工作，否則，就得離開。

一天，交通部門送來一位因遭遇車禍而生命垂危的人，實習護士被安排做外科手術專家——該院院長亨利教授的助手。複雜艱苦的手術從清晨進行到黃昏，眼看患者的傷口即將縫合，這位實習護士突然嚴肅地盯著院長說：「亨利教授，我們用的是十二塊紗布，可是你只取出了十一塊。」

「我已經全部取出來了，一切順利，立即縫合。」院長頭也不抬，不屑一顧地回答。「不，不行。」這位實習護士高聲抗議道：「我記得清清楚楚，手術中我們用了十二塊紗布。」院長沒有理睬她，命令道：「聽我的，準備縫合。」這位實習護士毫不示弱，她幾乎大聲叫起來：「你是醫生，你不能這樣做。」

直到這時，院長冷漠的臉上才露出欣慰的笑容。他舉起左手裡握的第十二塊紗布，向所有的人宣佈：「她是我最合格的助手。」

這位實習護士後來理所當然地正式獲得了這份工作。

西蒙真是聰明而又用心良苦，他之所以不講自己的經歷，而說那位實習護士，是因為他非常明白，在尋找工作方面，僅有敏銳的頭腦是不夠的，更重要的是還要有正直的品性。小到一個單位，大到一個國家，它們真正需要的往往是後者。

智慧沙：

正直的人不會心口不一，正是由於沒有言行的矛盾，才給了一個人額外的精力和清晰的頭腦，使得我們獲得成功。

許多年前，一位作家在一次倒楣的投資中損失了一大筆財產，趨於破產。他打算用他所賺取的每一分錢來還債。三年後，他仍在為此目標而不懈地努力。為了幫助他，一家報紙願為他組織一次募捐，這的確是個誘惑，因為有了這筆捐款，意味著可以結束折磨人的負債生涯。

然而，作家卻拒絕了。幾個月之後，隨著他一本轟動一時的新書問世，他償還了所有剩餘的債務。這位作家就是馬克・吐溫。

智慧沙：

正直也意味著高標準地要求自己。當你開始真正尋求正直並且身體力行的時候，你所具有的力量就會令人折服。最終，我們會明白，任何一件有價值的事，都包含有它自身不容違背的正直的內涵。

吃得苦中苦，方為人上人

朱元璋十七歲那年，天降災禍，除了朱元璋與他的一個哥哥，家人都在瘟疫中死了。成為孤兒的朱元璋只好到附近寺院裡去做行童。行童就是做粗活的童僕，每天工作、吃飯沒有工錢。朱元璋非常能幹，人小有志氣，吃苦可以，受欺負不行。他每天要打掃佛堂、打鐘、擊鼓、上香、點燭，伺候長老高彬一家，從早到晚忙個不停，比他早來的師兄們欺負他年紀小，經常差遣他做那些本來不是他該做的工作。

瘟疫之後又出現了災荒。朱元璋所在的寺廟主要靠出租土地收取租金和接受善男信女佈施為生，加上年成不好，佃戶交不出租金，施主的佈施也少得可憐。主持和方丈無法維持寺中二十位僧人的吃喝，只好動員大家自謀生路，要求和尚們有家的先回家，無家的雲遊四方化緣，等災年過後再回寺廟裡來。逢此荒年，大家都不願回家裡去，哭哭啼啼地要求留下來。剛入皇覺寺僅五十天的朱元璋不堪忍受僧人們的欺壓，主動要求帶上木魚和瓦缽雲遊四方去化緣。

離開寺院後，朱元璋一直往西南方向走去，走遍了安徽、河南的名川大邑，一路上翻山越嶺，風餐露宿，歷盡艱辛。遇到村少人稀的地方，要不到飯就得餓上一天兩天，或挖點野菜充飢。白天走鄉串村，晚上找個破廟棲身。山棲野宿，受盡風霜之苦。

多年過去，朱元璋成為皇帝御制《皇陵碑》時，回憶起這段經歷，對群臣講道：「早起看誰家煙囪冒煙，就趕緊去討口飯吃，天黑了踉踉蹌蹌地找個古寺暫棲身。」又說：「身如蓬逐風而不止，心滾滾乎沸湯。」

幾年的流浪生涯，使朱元璋受盡冷落和嘲笑，飽嘗了人間的辛酸苦辣。但最後也讓他推翻了元朝，成為了明朝的開國皇帝。

智慧沙：

艱苦的生活對人是一種磨練，也是對意志品質的考驗。一個人要想在事業上取得成功有所建樹，艱苦奮鬥是必要的，吃苦耐勞是難免的。

一九二二年十一月十一日，在香港麥當奴大道的一座豪華花園洋樓，何世光夫人生下一男嬰。大家歡喜之際，突然嚇呆了——嬰兒的胎盤竟是白色！在中國古老的傳說中，只有帝王的胎盤才是白色的。經醫生指點，這個胎盤用藥水浸著、當做傳家寶一直珍藏。出生的小孩就是何上舟，日後他雖然不像中國神話傳說中所說的那樣成為一個帝王，但是也成就了一番常人所無法企及的事業。

何上舟出身於豪門世家，他的童年無疑具有常人所無法想像的幸福。在他出生之時，父親何世光的事業正處鼎盛時期，地位顯赫，財運亨通，豪華的洋房裡時常高朋滿座。而何上舟則聰明可愛，舉止似與別的孩童迥異，人們都喜不自禁，認為他的前途遠大。

但是，天有不測風雲，商場險惡，好景不長。在何上舟剛剛十三歲那年，躺在金銀窩裡的他一覺醒來，家中財盡錢空——父親何世光霎時間破產了。幼小的他永遠也不明白究竟是怎麼一回事，前幾天，慶賀大捷才剛剛過去，但是曾經所擁有的一切全像肥皂泡沫一樣幻滅了。一朝暴富、一夜破產，這在何上舟幼小的心靈中留下了不可磨滅的痛苦記憶！

如果不是家道中落，何上舟肯定會被送到英國留學，然後繼承父業，開洋行做買賣；也可能被港督賞識，委任為議員。但如果這樣，何上舟也就不會闖蕩澳門，寫下他富有傳奇色彩的一生。

夜晚，當何上舟躺在硬板床上，看著母親憂鬱的神色、簡陋的家庭用具，腦海裡就會浮現出富麗堂皇的洋房、寬大餐桌上的美味佳餚。最不堪忍受的是原來那些親戚見何家財大勢大，見了何家人總是恭恭敬敬，頷首低眉。現在對何上舟一家卻避而遠之，甚至冷嘲熱諷。家道中落，世態炎涼，十三歲的何上舟不得不面對這冷酷的現實。

貧窮促使何上舟早熟，他明白窮人只有靠讀書方可出頭。他發憤苦讀，到學期末，成績居全班第一，何上舟獲得獎學金，打破了他就讀的皇仁書院插班生從無獲得獎學金的紀錄。以後，他年年都獲得獎學金。

在苦難當中，何上舟終於迎來了他十八歲的生日。雖然現在的他再也不可能像他小時候那樣開一個像樣的生日PARTY了，但是他已經長大成人——這是比其他任何事情都更加重要的。一九三九年，何上舟以優異的成績考取香港名校香港大學，專攻修理科。

一九四一年太平洋戰爭爆發，新港督規定香港大學生都有義務參軍。一九四一年十二月八日，日軍進攻香港，何上舟被分配到防空警報室做電話接線生。

自從戰爭爆發，物價飛漲，母親做工的積蓄應付不了昂貴的米價。母親整日唉聲嘆氣，不知日子怎麼過，更為何上舟的安全擔憂。與母親商量後，拿著十元港幣的何上舟正式地踏上了他的澳門創業之旅。在一天晚上，他搭一艘小船逃往澳門。到了澳門，他加入了聯昌公司。該公司是當時澳門的大公司，由葡、日、中三方合辦。聯昌公司主要是借戰爭的機遇，利用機船運送糧食貨物供應市民而獲取利潤。

來澳門沒幾天的何上舟，遇到來澳門避難、聲名顯赫的何東爵士。何東雖然是何上舟的叔祖父，但在香港，何上舟卻很少有機會見他的面。在何上舟的心裡，何東一直是高高在上的大人物。現在都是避難時期，爺孫倆見面格外親切。何東勉勵何上舟：「年輕人出來工作，要想成功，就記住兩條：一是要勤力、肯做；二是錢到手裡要抓緊，不要亂花錢。」

一言千金。此後，何上舟牢牢地記住何東的鼓勵，發誓要在澳門做出一番事業。他在聯昌公司任秘書期間，負責糧油棉紗生意。原有的中、英兩種語言不夠用，他就拚命學習日、葡兩種語言。憑著語言天賦，沒多久他就會使用簡單的日語和葡萄牙語進行日常對話。

雖然何上舟在聯昌公司只做了一年職員，但是他的成績斐然，才能出眾，最後被公司吸收為合夥人。此後，他主要的職責是押船，即把貨物押運到海上，與貿易夥伴在海上交易。

不久後，何上舟便憑藉著自己良好的作風與機敏的反應力，受到老闆賞識，經常被老闆委以重任。

有一次押船，不是以貨易貨，是以錢易貨。老闆需要他身懷三十萬港元現金——相當於今日的幾千萬。

這是一次不容閃失的重要押運。當天午夜何上舟的船開到交易海面，不見對方船隻。天上沒有月亮，海面一片漆黑。到凌晨四點，才聽到馬達聲由遠而近。為慎重起見，他叫水手過去驗船。水手說：「對方吃水這麼深，不會有詐。」哪知話才說完，機關槍就橫掃過來，水手當場身亡。就在這時，從烏黑的海面上跳過來數個海盜，把船上人的槍都搶去。有幾個兇神惡煞的傢伙用槍頂著船員，叫道：「統統把衣服脫光！」

當何上舟把他的衣服脫光時，三十萬鉅款暴露出來。海盜們從未見過這麼多錢，個個眼珠發綠。一個海盜忍不住撲到錢堆上，被海盜老大喝住。老大命令一個海盜把錢抱回了海盜船。一盜賊抬起一腳，把何上舟踢到船艙底下去了。而船上的水手們一絲不掛，被海風吹得瑟瑟發抖。

海盜數完錢，馬上分贓，又吵又鬧，拳腳相見。看守何上舟的海盜熬不住了，也跳上海盜船去搶錢。此時，海浪已經把兩艘船分開。何上舟下令水手開船逃跑。海盜船上的機槍猛掃過來，因聯昌船是空載，速度很快，沒多久就逃脫了。

經過一夜的死裡逃生，大家暗自慶倖得以活命。突然，他們看到日艦朝他們駛來，頓時慌了手腳。原來他們的船上懸掛的太陽旗被海盜踢進了海裡，如果不馬上懸掛太陽旗，日軍就會格殺勿論。

這時何上舟急中生智，找到一件破衫，用紅漆畫了一團紅圈，拿在手上。當日本的艦隊靠近時，又是何上舟流利的日語救了大家的性命。

與往常不同，這次出海花了將近一個多星期。聯昌公司的老闆，見船未準時回港，知道事情不妙，在碼頭從早晨一直等到了中午。

正當眾人無奈要離開的時候，船終於回港了，只有何上舟與舵手穿著雨衣，其他水手皆赤身躲在艙裡。老闆抱著何上舟及其水手，不禁潸然淚下。

錢雖然被搶走，何上舟的勇氣和膽量卻受到了大家的尊敬。

何上舟憑藉出生入死的經歷，成為聯昌公司賺錢的頭號功臣。這一年，聯昌公司給他分紅，金額高達一百萬港元。而此時，何上舟才二十二歲。

這時，何上舟又有了其他的打算。一是考慮到為了家裡人，二也是因為有了一定積蓄，何上舟意欲改做另一種工作。而這時，有人邀請他去做澳門貿易局供應部主管，何上舟欣然同意了。

何上舟充分利用戰時千載難逢的機會。他看到因長期戰亂，農田荒蕪，糧食匱乏，澳門經常鬧米荒，就召集一批人前往廣州購米。廣州的黑市米也非常昂貴，但是他憑著出色的外交才能，收購到市政府囤積的官糧。數天之後，何上舟已經率領四艘滿載大米的船隊回澳門，船抵達碼頭，一打又一打白花花的鈔票進了他的口袋。還不光如此，更重要的是，他為飢餓的百姓弄到糧食，他因此也成為了戰時澳門人民的英雄！

戰後，時局平穩，不少香港人乘船來澳門賭錢。何上舟不失時機創辦了一間船務公司，購買了一艘載客三千人的客輪，是當時港澳航線上最大最先進的客輪。此後他不斷將經營範圍擴大至當時的各行各業。

後來，何上舟應葉漢的邀請，決定到澳門獨霸賭業。經過不懈的外交努力，他正式與澳門政府簽訂承辦博彩業的新合約。

簽約後的兩個月，四人合組的澳門旅遊娛樂有限公司正式成立。當時，由霍英東任董事長，葉漢、葉德利任常務董事，何上舟則作為股東代表人和持牌人出任總經理，主管公司事務。實際上，何上舟才是澳門賭業的真正掌門人。

智慧沙：

古語有云：「天將降大任於斯人也，必先苦其心志，勞其筋骨，餓其體膚，空乏其身，行拂亂其所為也。」大業沒那麼容易成就，夢想也沒那麼容易實現。吃不了苦，就只能永遠站在成功的對岸；只有吃得了苦，才能創造出燦爛的人生。

鍥而不捨，迎難而上

李時珍出生在一個世代行醫的家庭，父親是當地很有聲望的名醫。父親的薰陶，為李時珍打下了良好的醫學基礎。然而，明朝科舉盛行，醫生的職業並不被看好，因此，他父親期盼自己的兒子能夠科考榜中，榮宗耀祖。雖然李時珍十四歲就考上了秀才，但他對科考並無興趣，後來三次科考均未中。從此，李時珍不再把心思放在自己並不喜歡的科舉考試上，而是沉下心來鑽研醫學，決心在醫學上有所建樹。

經過長期的醫療實踐，李時珍醫治好了不少疑難雜症，積累了大量的診治經驗，年方而立便遠近聞名。他三十三歲時，曾被楚王請去掌管王府的良醫所，後又被推薦到京城太醫院任職，但終因看不慣官場污穢，不久便託病辭職回家。

回到家鄉後，李時珍覺得自己所讀的大量醫藥著作均有瑕疵，有的分類雜亂，有的內容不全，還有不少藥物根本就沒有記載。由此他突發奇想，覺得有必要對藥物書籍進行整理和補充。這個念頭一冒出來，就再也壓不下去，成為他為之終生奮鬥的目標。經過反復衡量後，他決心在宋代唐慎微編的《證類本草》的基礎上，重新編著一本完善的藥物學著作。

編著一本完善的藥物著作，這事說起來不容易，做起來就更難。其時，李時珍已經是名醫，僅憑醫術就遠近聞名，大可不必去做這件勞神費力的事情。可是李時珍不這麼想，他認為這是造福天下的大事，雖然困難重重，但一定要做，且一定要做好。

為了編著這本醫藥著作，李時珍不辭勞苦，飽嘗艱辛，足跡尋遍河南、江西、江蘇、安徽等地。每到一處，他都放下架子甘願當學生，虛心向當地藥農和其他人請教。為了採集藥物標本，收集民間驗方，他有時鑽進深山老林，有時親臨鄉村草舍，每得到一味新藥都如獲至寶。為了弄清一些藥物的性能和效用，他甚至不顧危險親口品嘗。他的執著，他為了中國醫藥事業的發展而獻身的精神感動了許多人，大家都伸出熱情的手，幫他搜集藥方，有的人甚至把家裡的祖傳秘方也拿出來交給了他。經過如此艱辛的親身實踐，李時珍獲得了許多書本上沒有的知識，得到了很多藥物標本和民間驗方，為豐富《本草綱目》一書的內容打下了堅實的基礎。

從三十五歲開始，李時珍動手編寫《本草綱目》。在編寫過程中，他參考了八百多種書籍，經過三次大規模的修改，終於將藥物學巨著——《本草綱目》寫成，這期間，整整經過了二十七年！從一個三十五歲的年輕人寫成了六十多歲的老翁。而他傾其一生的精力編寫，最終連西方人也讚譽《本草綱目》為「東方醫學巨典」。

智慧沙：

一遇到困難就打退堂鼓的人，肯定將一事無成。每個人都想把自己想做的事情做成功，但是有的人只會將美好的意願停留在想像與描繪之中，不肯付諸實現。

做一個嚴格自律的人

古時候有一個名叫胡質的人，一直在曹操、曹丕手下當官，一直當到了振武將軍，封關內侯。

胡質有一個兒子名叫胡威，年輕且很有志氣。胡質在荊州做官時，胡威從京都前去看望他。等胡威告別回家時，胡質給胡威一匹絹，作為回家路上吃飯的費用。胡威跪下進言道：「大人為官清正廉潔，不知道從哪裡得到這匹絹的？」胡質說：「這是我官俸的剩餘，所以作為你回家路上的吃飯費用。」胡威這才恭恭敬敬地接受下來。

智慧沙：

自律是指導人的行為的主觀意願，絲毫不帶外在的強制性，也是對人的一種高要求。唯有自律才能才得以有成效地發揮和維持。

楊震在擔任荊州刺史時，發現秀才王密是個人才，便舉薦王密為昌邑縣令。後來楊震改任東萊太守，路過昌邑時，王密對他照應得無微不至。到了晚上，王密悄悄來到楊震住處，見室內無人，便捧出黃金十斤送給楊震。楊震連忙擺手拒絕說：「以前因為我了解你，所以舉薦你；你這樣做就是你太不了解我了！」王密輕聲說：「現在是夜裡，沒人知道。」楊震正色道：「天知，地知，你知，我知，怎麼說沒人知道！」王密聽了，羞愧地退了出來。

智慧沙：

無論有多麼過人的天賦，若不自律，就絕不可能把自己的潛能發揮到極致。為官者更應用正確的原則要求自己、約束自己、管理自己，使自己的行為受到「應當」的規範。

用頑強的意志戰勝苦難

富蘭克林．羅斯福於哈佛大學畢業後不久，便正式開始了政治生涯。先是於一九〇九年參加紐約州參議員競選獲勝；繼而於一九一二年積極為威爾遜獲得民主黨總統候選人的提名和為威爾遜競選總統出力奔走。威爾遜當選為總統後，羅斯福被任命為海軍助理部長。一九一四年七月，第一次世界大戰爆發，羅斯福請假三周與民主黨黨閥支持的詹姆斯．吉羅德競爭聯邦參議員職位，結果黨內提名遭到失敗。一九一七年，美國對德宣戰，宣佈站在協約國一方參加第一次世界大戰。

為了增加實戰經驗，作為海軍助理部長的羅斯福於一九一八年赴歐洲戰場考察，目睹戰爭給人民造成的生命和財產的損失，留下了終生難忘的印象。一九二〇年，在總統選舉中，他被任命為民主黨副總統候選人，結果被共和黨候選人柯立芝擊敗；同年，回到紐約重操律師舊業，暫時退出政壇，積蓄力量，準備東山再起。

正在這時，一場意外的大災難降臨到了羅斯福的頭上。一九二一年八月十日，他在他的海濱別墅撲滅了一個小島上的一場森林大火後，汗流浹背地跳入海灣游泳時，卻不幸患上了小兒痲痺症（或稱脊髓灰質炎）。一場嚴峻的考驗擺在了三十九歲的羅斯福面前，這比生死的考驗更為殘酷，也更叫人難以忍受。

一開始，羅斯福還竭力讓自己相信病能夠好轉，但實際情況卻在不斷惡化。他的兩條腿完全不能用了，癱瘓的症狀在向上身蔓延。他的脖子僵直，雙臂也失去了知覺。最後膀胱也暫時失去了控制。每天導尿數次，每次都痛苦異常。他的背和腿疼痛難忍，好像牙痛放射到全身，肌肉像剝去皮膚暴露在外的神經，稍一觸動，就忍受不了。

但最讓人受不了的還是精神上的折磨。羅斯福從一個有著「美好前程」的年輕力壯的硬漢子，一下子成了一個臥床不起、事事都需別人照料的殘疾人士，真是痛苦極了。在他剛得病的最初幾天裡，他幾乎絕望了，以為「上帝把他拋棄了」。但羅斯福畢竟是羅斯福，他依然受著痛苦的煎熬，卻又以平時那種輕鬆活潑的態度和妻子埃莉諾開玩笑。

他理智地控制住自己，絕不把自己的痛苦、憂愁傳染給妻子和孩子們。他不允許把自己得病的消息告訴正在歐洲的媽媽，以免母親牽腸掛肚。當醫生正式宣佈他患的是小兒痲痺症時，妻子埃莉諾幾乎昏過去，而羅斯福卻只是苦笑了一下。

「我就不相信這種病能夠整倒一個堂堂男子漢，我一定要戰勝它！」羅斯福對自己說。但羅斯福也知道這只是在說大話，但這也使他比較容易保持勇氣。

為了不想自己的病情，他拚命地思考問題，回想自己走過的路，哪些是對的，哪些是錯的；回想自己接觸過的各種各樣的政治家，誰是可資學習的導師，誰是卑鄙的政治騙子；他也想到人民，想到飽受一次世界大戰戰爭創傷的歐洲人民，想到那些飢寒交迫、朝不保夕的社會下層的人們。到底今後應當怎樣生活，怎樣做人，他不斷地思索、探求。

為了總結經驗，他不停地看書。他系統性的閱讀了大量有關美國歷史、政治的書籍；還閱讀了許多世界名人傳記；還有大量的醫學書籍，幾乎每一本有關小兒痲痺症的書他都看了，並和大夫們進行了詳細的討論。他幾乎成了這方面的一個權威。而當母親急匆匆來到羅斯福的床前，他以微笑迎接母親，寬慰母親說：「媽媽，不用擔心，一切都會好的。說真的，我實在想親自到船上去接你呢。」

為了使兩腿伸直，醫生不得不給羅斯福打上石膏。每天他都好像在中世紀的酷刑架上一樣，要把兩腿關節處的楔子打進去一點，以使肌健放鬆些。但是，這個曾被看成是花花公子的人身上蘊藏著極大的勇氣，所以不久就出現了病情好轉的跡象——他的手臂和背部的肌肉逐漸強壯起來，最後終於能坐起來了。

為了重新走路，羅斯福叫人在草坪上架起了兩根橫桿，一條高些、一條低些。每天，他接連幾個小時不停地在這兩條桿子中間挪動身體。後來他給自己定一個每天走路的目標。每天，他都要拄著拐杖在公路上蹣跚著朝前走，爭取比前一天多走幾步。他還讓人在床正上方的天花板上安裝了兩個吊環，靠這兩個吊環持續鍛鍊。到第二年開春，他已經日見好轉，甚至能夠到樓下在地板上逗孩子們玩，或者在圖書館的沙發上接見客人了。

一九二二年二月，醫生第一次給羅斯福安上了用皮革和鋼製成的架子，這副架子他以後一直戴著。架子每個重七磅，從臂部一直到腳腕。架子在膝部固定住，這樣，他的兩腿就像兩根木棍一樣。借助於這副架子和拐棍，羅斯福不僅可以憑身體和手臂的運動來「走路」，而且還能站立起來講話了。然而，要做到這一步也不容易，開始時經常摔倒，夾著拐棍子的兩臂也經常累得發疼，儘管如此，他仍然以頑強的毅力和樂觀的態度堅持鍛鍊。

經過艱苦的鍛鍊，羅斯福的體力增強了。一九二二年秋天，他重新回到病前任職的信託儲蓄公司工作。開始，他每週工作兩天，又慢慢增加到三天，最後每週四天。他的日程排得很滿，每天早晨八點半在床上會見他的顧問路易士・豪和其他來訪者，這樣他就開始了一天的工作。兩個小時後，他來到辦公室，一直工作到下午五點。午飯就在辦公室裡吃。上午他處理公司的事務，下午辦些私事。回家後，喝點茶，活動一下身體，就又會見來訪者。事情往往要到吃晚飯時才結束。也由於他重新回到了社會，羅斯福的名字又響亮起來了。

智慧沙：

苦難是人生旅途中的另一道風景，是走向成功的動力。苦難可以造就一個人，當然也可以壓垮一個人，關鍵在於處於苦難中的人如何面對他所面臨和忍受著的苦難。

一九二四年又是總統選舉年。民主黨由於上屆總統選舉失敗，所以迫切需要羅斯福出來競選，重振士氣。羅斯福表示：「在摔掉丁字形拐杖走路以前我不想競選。」但他決定出席民主黨全國代表大會，以發出他本人重新返回政界的資訊。在兒子的協助下，他撐著拐杖走上講台，這時全場響起雷鳴般的掌聲。羅斯福巧妙地控制著講演的節奏，完全把聽眾吸引住了。他呼籲大家團結起來，這時聽眾全體起立。他充滿激情地號召大家：「要牢記林肯的話：『對任何人都不懷惡意，對所有的人都充滿友善。』」他的講話受到了與會代表的熱烈歡迎。這是人們對他表示的一種少有的敬意。他的心好像又長上了翅膀，他的腿被架子夾得麻木了，他的手由於把全身的重量都撐在桌上而不停地痙攣。但他全然顧不上這些，他那渾厚有力的聲音在大廳裡回蕩著。

羅斯福最終贏得了這次選舉，並在二十世紀的經濟大蕭條和第二次世界大戰中扮演了重要的角色，被學者評為是美國最偉大的三位總統之一，也是美國唯一一位任期超過兩屆的總統。

智慧沙：

人生在世總是要與苦難握手，很少有所謂的「一帆風順」，但只有曾經受過苦難的人，才能知艱辛，知苦痛，知冷暖，知滿足，知福惜福，從而積極發奮。

學會自強自立

生活，絕不是一條筆直的道路，而是一條曲折而漫長的征途——既有荒涼的大漠，也有深幽的峽谷，還有橫亙的高山。只有學會自強自立，只有矢志不渝地前進，只有頑強不息地攀登，才能達到理想的彼岸。

大袋鼠媽媽和兒子小袋鼠生活在美麗的大草原上。小袋鼠還太小，不能像媽媽一樣在草地上跳躍，他現在只能在草地上慢慢地爬著，看上去像只大田鼠，只是兩條後腿特別長，一條尾巴特別粗壯。

這天，大袋鼠媽媽告訴小袋鼠，她要出去一會兒，要小袋鼠自己在草地上玩。小袋鼠正在玩著，看見一隻小羚羊在附近吃草，牠便站了起來，高傲地對小羚羊說：「小羚羊，你知道我住在什麼地方嗎？說出來包准你會羨慕死。我呀，住在媽媽的肚子裡！媽媽的肚子有個袋子是專門裝我的，裡面又溫暖又舒適，比什麼絲綿、羽絨呀，還要高級得多；躺在媽媽的袋子裡，媽媽一蹦一跳，跑得飛快，就比坐小車還痛快呢；有了好吃的東西，還可以躲在媽媽的袋子裡吃呢……小羚羊，你瞧我媽媽多愛我啊！你能享受到這一切嗎？」

「我媽媽也很愛我，可牠不是這麼個愛法，」小羚羊回答道，「她常常帶我們練習跑，領著我們找草吃，晚上讓我自己睡覺，我認為這樣比較好，如今我身子很結實……啊，不好了！」小羚羊忽然猛扇耳朵，警覺地說：「我聽見遠處有獅子在吼叫，我們趕快跑吧。」

小袋鼠慌了，牠急得哭道：「不行，我跑不動，我要等媽媽來用袋子裝我。」

小羚羊伏下身子喊道：「獅子的腳步聲越來越近了，快，我背著你跑。」

「不行，那會摔死我的！」小袋鼠死也不做，邊在地上打滾邊叫：「我要媽媽，我要媽媽的袋子……」

見小袋鼠不願意離開，小羚羊只好自己跑開了。被媽媽嬌慣了的小袋鼠，仍然在原地撒野、嚎叫，聞聲而來的獅子毫不客氣地把牠一口吞下去了。

智慧沙：

人生最可依賴的是什麼？是知識、是智慧、是汗水。父母都不可能依靠一生一世，何況他人？因此，這個世界上最可靠的不是別人，而是自己。

在一個春寒料峭的夜晚，一個小夥子鬱悶地在路邊坐著。這是他來到這座城市的第五天。城市的繁華並未給予他淘金的機會，相反，他已經用盡了他身上原本不多的錢——換句話說，他已經整整兩天沒吃飯了。

他蜷縮著身子，抵禦著冷風的侵襲。此刻，他知道自己落魄邋遢的形象，一定與街頭的乞丐很相似。的確，現在他飢腸轆轆的處境和乞丐幾乎沒有什麼區別了。

往後該怎麼辦？回家，意味著獲得未來美好生活之夢的破滅；留下，或許茫茫城市人海中就多了一個流浪者的身影……

一絲悲哀罩上他的心頭，他茫然……這時，一張鈔票出現在他的眼前——

「你餓嗎？」

是一旁擦皮鞋的女孩，把一百元遞了過來：「你去買點吃的吧！」

此刻，小夥子的內心湧起了陣陣的波瀾。他先是悲哀，覺著自己竟然淪落到被人當作乞丐對待的地步；接著，又產生了一些感激，因為此時，困厄的他實在是需要幫助，哪怕是一塊錢……

於是，他伸出了手……可是，那女孩卻又抽回了拿錢的手。

「你真的想要這施捨？」

施捨？小夥子愣住了。他看著女孩，女孩清澈的眸子帶著些狡黠的光。

一瞬間，女孩的目光讓他突然醒悟：是啊！自己怎麼能輕易地接受施捨呢？接受施捨，豈不真的與乞丐無異了！

小夥子臉紅了，為剛才的一念之差。他努力恢復起矜持的神態，對女孩說：「謝謝！我不需要施捨，不要！」

女孩笑了，說：「可是，我看你確實需要幫助。既然你不肯接受施捨，那我就把這擦鞋的攤位借給你十分鐘。十分鐘，你就可以賺夠一頓飯錢了……」

這是一個誘人的建議！短暫的沉默後，小夥子同意了。

果然，小夥子在十分種內賺得了幾百元。

小夥子當時不知，就是這十分鐘的「租借」，改變了他的一生。

後來，小夥子和女孩一起擺攤擦鞋。日子一天天過去，他們結婚成家……

再後來，他們開了一個皮鞋加工店，而且生意興隆……

最後，他們開了一家皮鞋廠……

現在，當年困頓街頭的小夥子，已經是擁有千萬資產的企業家了。只是每當提及當年的創業歷史時，他都會說：「感謝我的妻子，是她當年十分鐘的『租借』，讓我保持了尊嚴，才有了後來的成功。」

智慧沙：

自強自立是一個人成功的力量源泉。安逸的環境，會讓人喪失鬥志；艱苦的逆境，又容易使人喪失信心。只有時刻堅持自強自立的精神，才能在逆境中揚起風帆，駛向成功的彼岸。

智慧沙 2

作　　者	千智蓮
發 行 人	林敬彬
主　　編	楊安瑜
編　　輯	蔡穎如
封面設計	曾竹君
美術編排	帛格有限公司
出　　版	大都會文化事業有限公司　行政院新聞局北市業字第89號
發　　行	大都會文化事業有限公司 110台北市信義區基隆路一段432號4樓之9 讀者服務專線：(02)27235216 讀者服務傳真：(02)27235220 電子郵件信箱：metro@ms21.hinet.net 網　　址：www.metrobook.com.tw
郵政劃撥	14050529 大都會文化事業有限公司
出版日期	2008年9月初版一刷
定　　價	300元
特　　價	199元
ISBN	978-986-6846-43-4
書　　號	Growth-025

Metropolitan Culture Enterprise Co., Ltd.
4F-9, Double Hero Bldg., 432, Keelung Rd., Sec. 1,Taipei 110, Taiwan
Tel:+886-2-2723-5216　Fax:+886-2-2723-5220
E-mail:metro@ms21.hinet.net
Web-site:www.metrobook.com.tw

大都會文化 METROPOLITAN CULTURE 大都會文化

國家圖書館出版品預行編目資料

智慧沙2./ 千智蓮著.
-- 初版. -- 臺北市：大都會文化, 2008.09
面；　公分. -- (Growth；25)

ISBN 978-986-6846-43-4 (第2冊；平裝)

1. 生活指導　2. 成功法

177.2　　　97013105

大都會文化　讀者服務卡

書名：智慧沙 2

謝謝您選擇了這本書！期待您的支持與建議，讓我們能有更多聯繫與互動的機會。

A. 您在何時購得本書：______年______月______日

B. 您在何處購得本書：____________書店，位於____________(市、縣)

C. 您從哪裡得知本書的消息：

1.□書店　2.□報章雜誌　3.□電台活動　4.□網路資訊

5.□書籤宣傳品等　6.□親友介紹　7.□書評　8.□其他

D. 您購買本書的動機：（可複選）

1.□對主題或內容感興趣　2.□工作需要　3.□生活需要

4.□自我進修　5.□內容為流行熱門話題　6.□其他

E. 您最喜歡本書的：（可複選）

1.□內容題材　2.□字體大小　3.□翻譯文筆　4.□封面　5.□編排方式　6.□其他

F. 您認為本書的封面：1.□非常出色　2.□普通　3.□毫不起眼　4.□其他

G. 您認為本書的編排：1.□非常出色　2.□普通　3.□毫不起眼　4.□其他

H. 您通常以哪些方式購書：(可複選)

1.□逛書店　2.□書展　3.□劃撥郵購　4.□團體訂購　5.□網路購書　6.□其他

I. 您希望我們出版哪類書籍：（可複選）

1.□旅遊　2.□流行文化　3.□生活休閒　4.□美容保養　5.□散文小品

6.□科學新知　7.□藝術音樂　8.□致富理財　9.□工商企管　10.□科幻推理

11.□史哲類　12.□勵志傳記　13.□電影小說　14.□語言學習（_____語）

15.□幽默諧趣　16.□其他

J. 您對本書(系)的建議：

K. 您對本出版社的建議：

讀者小檔案

姓名：______________ 性別：□男　□女　生日：____年____月____日

年齡：□20歲以下 □21～30歲 □31～40歲 □41～50歲 □51歲以上

職業：1.□學生 2.□軍公教 3.□大眾傳播 4.□服務業 5.□金融業 6.□製造業

7.□資訊業 8.□自由業 9.□家管 10.□退休 11.□其他

學歷：□國小或以下 □國中 □高中／高職 □大學／大專 □研究所以上

通訊地址：______________________________

電話：（H）______________（O）______________ 傳真：______________

行動電話：______________ E-Mail：______________________

◎謝謝您購買本書，也歡迎您加入我們的會員，請上大都會文化網站 www.metrobook.com.tw 登錄您的資料。您將不定期收到最新圖書優惠資訊和電子報。

智慧沙
2

北區郵政管理局
登記證北台字第9125號
免　貼　郵　票

大都會文化事業有限公司
讀　者　服　務　部　　　收
110台北市基隆路一段432號4樓之9

寄回這張服務卡〔免貼郵票〕
您可以：
◎不定期收到最新出版訊息
◎參加各項回饋優惠活動